청춘의 질문은 항―상 옳다

청춘의 질문은 항상 옳다

기　획 마이크임팩트
지은이 한동헌
펴낸이 임상진
펴낸곳 도서출판 넥서스

초판 1쇄 발행 2017년 5월 10일
초판 2쇄 발행 2017년 5월 15일

출판신고 제406-251002011000302호
10880 경기도 파주시 지목로 5
Tel (02)330-5500 Fax (02)330-5555

ISBN 978-89-98454-77-7 03300

www.nexusbook.com

거침없이 질문을 던져라!

청춘의 질문은 항—상 옳다

넥서스BOOKS

참 많은 청춘들을 만났습니다. 2천회가 넘는 강연을 진행하고 50만 명이 넘는 청춘들을 만나 함께 호흡하며 여러 이야기를 나누었습니다. 많은 청춘의 이야기를 들으면서 놀라운 점을 발견했습니다. 청춘의 질문과 고민이 근본으로 들어가면 본질적으로 유사하다는 것입니다. 청춘들의 경험과 고민은 제각기 달라도 그들의 질문은 비슷했습니다. 더욱 놀라운 점은 수많은 멘토와 강연자에게 청춘들의 고민을 질문하면 신기하리만치 비슷한 답이 나왔습니다. 답을 간절히 찾아 헤매는 청춘의 질문과 그에 대한 지혜로운 방향은 함께 찾고 살펴보는 데서 나오지 않을까 하는 생각에 이르렀습니다. 그 질문과 답을 나누고 공유한다면 청춘들의 풀리지 않는 고민과 타는 목마름을 해소할 수 있으리라는 기대를 가지게 되었습니다.

《청춘의 질문은 항상 옳다》는 이러한 생각에서 시작된 책입니다. 청춘의 가슴 속 깊은 질문, 청춘으로 반드시 묻게 되는 질문을 터놓고 8개월 동안 청춘들과 허심탄회하게 이야기를 나누었고 이를 활자로 옮겨 놓았습니다. '내 꿈은 어떻게 찾을까' '내가 하고 싶은 일은 무엇인가' '어떻게 청춘을 살아야 하는가' 등 참으로 빛나는 청춘의 질문을 함께했습니다. 청춘들이 직접 표현한 답도 좋았지만, 진솔한 질문들이 더욱 기억에 남습니다. 이런 청춘의 질문을 함께 이야기하고 나눈다는 것만으로도 즐겁고 행복했습니다. 청춘의 질문에 서로가 답을 하면서 자신만의 답을 찾아가는 과정이 참 좋았습니다. 옳은 답이 없어도 옳은 질문은 있습니다.

어려운 시대를 사는 우리 청춘들이 함께 질문했으면 합니다. 이 책이 그 질문의 시작점이 되었으면 합니다. 청춘이라면 마음에 품게 되는 여덟 가지 질문, 나·꿈·사랑·성장·성공·일·사람·행복에 대한 질문을 거침없이 던졌으면 합니다. 함께 밤새 생각을 나누고 토론했으면 합니다. 우리 청춘들은 너무나 바쁘고 힘든 삶을 살아내고 있습니다. 이런 질문을 던지고 사유하는 게 사치스런 낭만으로 보이더라도 청춘이 질문하고 답을 탐구해 가는 것은 특권이자 책임입니다. 저도 한 명의 청춘으로서 마음껏 권리를 누리고 힘껏 책임을 다하고자 합니다. 답은 찾는 데서 나오지 않더라도, 질문하는 것 자체가 답입니다.

답을 찾는 모험의 길에 많은 분이 동행해 주셨습니다. 여덟 번의 강연에 함께해 준 수많은 청춘들과 기꺼이 강연을 오픈해 준 스쿨팀과 공간을 마련해 준 스퀘어팀, 존재만으로도 감사하고 귀한 마이크임팩트 가족들, 답을 찾는 과정에 소중한 영감을 준 많은 연사님들과 책들. 의미 있고 가치 있는 길을 탐험해 가는 이 모험 길에 함께해 주신 소중한 동료들에게 깊이 감사드립니다.

청춘의 질문은 항상 옳습니다!

마이크임팩트 대표
한동헌

Contents

나,

나는 누구인가

◇◇◇◇◇◇◇

모든 문제의 시작점,
모든 위대함의 시작점은 자기를 찾는 데 있습니다.
자신의 정체성 문제를 해결하면
다른 문제들은 한결 쉬워집니다.

자신을 설명할 때

자신이 가지고 있거나

소속해 있는 환경을 드러내지 않고

소개하는 연습을 하는 게

중요합니다.

●● 청춘, 질문을 던지는가

청춘들을 만나면 질문을 받습니다. 그런데 그들의 질문을 계속 듣다가 굉장히 놀랐습니다. 거의 똑같은 질문이었기 때문이었습니다. 이러한 청춘들의 공통적인 질문에 대한 명확하고도 공감 어린 답변이 있으면 좋겠다, 생각했습니다. 청춘들이 가진 고민들을 직접 나누면서 함께 답을 찾아가면 어느 정도는 해결할 수 있지 않을까, 고심하게 된 것입니다. 그래서 그 질문들을 명사들과 멘토 분들께 드려 보았습니다. 각 질문에 대한 그분들의 답은 놀랍게도 거의 비슷했습니다.

청춘의 고민은 사실 질문과 답변이 동일한 영역에 있습니다. 이를 잘 정리하면 '지금 알고 있는 걸 그때도 알았더라면'과 같은 지혜가 될 수 있지 않을까요. 저는 이 지혜를 전달하는 메신저 역할을 하고자 합니다. 청춘이 가지고 있는 질문을 정의하고 현명한 인생 선배들의 답변을 전달할 수 있는 메신저 역할을 그려 보았어요. 그 물음표와 느낌표가 만나는 순간, 그때가 깨달음을 얻는 순간이라고 생각합니다.

사실 '청춘의 질문'이라는 주제에 대한 답은 우리 모두가 알고 싶은 삶의 지혜이기도 합니다. 이런 이야기에 대해 답을 어떻게 찾아갈지를 같이 고민하며 여정을 떠나고자 합니다.

●●● 내가 누구인지 아는가

위대한 인물들에게는 여러 공통점이 있습니다. 그중 제가 생각하는 위대한 인물의 공통점은 모두 자기 자신이 누구인지 알고 있다는 것입니다. 자기 자신이 누구인지 아는 사람, 그러니까 내가 이것을 이루면 위대해질 거다, 이렇게 하면 잘될 거다, 하는 확신을 갖고 산 것이 아니라 자신이 좋아하는 것이 무엇인지를 알았던 사람입니다.

사진작가 김중만 선생님은 사진을 찍으면 자기 인생이 잘 풀릴 것 같아서 카메라를 계속 잡은 게 아니라, 사진이 정말 좋고 사진 찍을 때 자신이 행복해서 아무도 몰라 줘도 상관하지 않고 계속 찍었다고 합니다. 그런데 어느 순간 세상이 자기를 주목해 주었답니다. 그러나 그 스포트라이트가 자신을 잠깐 스치고 지나가더라도 아무 상관이 없다고 하셨습니다.

시간을 거슬러 올라가 마하트마 간디 Mahatma Gandhi, Mohandas Karamchand Gandhi, 마틴 루터 킹 Martin Luther King 같은 위인들에게도 그런 점을 찾을 수 있습니다. 그들은 그 시대에 가장 '핫하고' 가장 '잘나가는' 게 무엇일까를 고민하지 않았습니다. 자신이 무엇을 해야 하고 나는 누구인지, 내가 무엇을 할 때 행복한지를 알았습니다.

그래서 저는 세상을 가치 있게 만드는 인물이 되는 가장 중요한 비결은 먼저 자기 자신을 아는 것이라고 생각합니다. 자기 자신을 알면 성공 유무와 상관없이 적어도 행복하게 살 수 있습니다.

●●● 나를 어떻게 소개하는가

한국 사람들은 자기소개를 잘 못합니다. 어려서부터 자기소개를 "나는 어느 초등학교, 몇 학년, 몇 반, 누구입니다." 여기서 시작합니다. 대학교 들어가면 "어느 학교, 무슨 과, 몇 학번, 누구입니다." 재수를 하는 중이면 "몇 살, 누구입니다." 여기서 그치고 맙니다.

저는 청춘의 고민을 해결할 실마리가 자기소개를 명확히 하는 것이라고 생각합니다. 분명한 자기 정체성을 갖지 못한다는 바로 그 점에 주목해야 합니다. 모호한 자기 인식이 모든 문제의 시작점이기 때문입니다.

이런 가정을 해 봅시다. 내가 다니는 학교의 이사장이 큰 문제를 일으켜서 학교가 갑자기 없어졌습니다. 그러면 나의 존재는 어떻게 되는 걸까요? 다니던 회사가 갑자기 사라진다면 나는 어떤 존재가 되나요? 자신을 어떻게 설명할 건가요?

강연 때 백수라고 자기 자신을 소개한 청춘이 있었습니다. 저는 그 대답을 듣고 좋은 소개라고 답했지요. 왜냐면 그 소개는 여타 외부 조건과 무관했기 때문입니다. 학교, 회사 등의 소속과 전혀 상관없는 소개였습니다. 한국 사람들은 자신을 어딘가에 소속된 존재로 설명하는 데 익숙합니다. 그래서 그 소속이 사라지면, 자기 존재감과 가치 자체를 잃어버리고 맙니다.

소속으로 자기 자신을 설명하는 이들이 나이 들면 점점 자기가 소유한 무언가로 자신을 설명합니다.

- 나는 명품 백을 들고 있어.
- 나는 외제차를 타.
- 나는 근사한 이성 친구와 만나고 있어.

이렇게 자신의 소유 수준과 외부적인 가치로 자기 존재를 설명합니다. 그리고 그것을 잃어 버리면 불행하다고 여깁니다. 애초부터 자신의 진정한 가치에 대해 무지했기 때문에 외적인 소속, 소유가 없어지면 자기 자신을 잃어버리고 상실감에 빠지고 마는 것입니다.

나를 설명할 때 소유나 소속 환경을 드러내지 않고 소개하는 연습을 해 보십시오. 자신을 그렇게 소개하면 나 자신에 대한 진정한 가치를 발견하게 됩니다. 내 앞에 있는 수식어 다 떼어 내고 진짜 내가 좋아하는 게 무엇이고, 진짜 나를 설명할 수 있는 속성이 무엇인지 설명할 수 있어야 합니다.

그 속성이 사회에서 인정받든지 안 받든지는 중요하지 않습니다. 일단 자기소개를 새롭게 구성해 보고 거기에서 출발해 보세요. 그것이 바로 자신의 있는 모습 그대로를 인정하고 인지하는 첫 번째 단계입니다.

철학자 데카르트가 한 말을 들어 보셨을 겁니다.

나는 생각한다. 고로 나는 존재한다.

무슨 뜻인가요? 나라는 존재 자체를 무엇으로도 증명할 수 없지만, 결국 생각하고 있는 나는 존재한다고 할 수 있다는 의미입니다. 즉 내 자신의 존재성을 생각하고 묻는 사람이 바로 나이고, 그때만 비로소 나는 존재할 수 있습니다.

사실 나라는 존재는 앞서 얘기했지만 무언가로 수식되어 설명되는 게 아니라 이 존재 자체가 '나'입니다. 뭔가 설명하고 에둘러서 가는 게 아니라 나라는 존재 자체를 보았을 때 그게 나입니다. 그런데 그 존재에 대해 제대로 인지하는 사람이 드뭅니다. 나는 여기 있는데, 나는 여기 존재하는데, 다른 데서 볼 것 없이 그냥 나를 보면 그게 나인데 말이지요.

오늘날 사람들은 너무 바빠서 나라는 존재를 인지할 시간조차 갖지 못합니다. 나라는 존재를 인지할 시간을 지금 한번 가져볼까요? 20초만 눈을 감고 오감에 집중해 보겠습니다. 소리를 듣고, 피부의 감각을 느끼고, 추운지 더운지 느낍니다. 무슨 소리가 들리나요? 지금 무엇을 느끼고 있나요?

"나는 생각한다, 고로 나는 존재한다"라는 관점에서 보아 아프면 그 아픈 존재가 나인 거예요. 내가 슬프다면 그 슬픈 존재가 나인 거예요.

그런데 우리는 '아프다', '슬프다'에만 집중하니까 나라는 존재에 대해 놓치게 되고, 어떻게 하면 아프지 않고 슬프지 않을까, 에만 집중합니다.

현재 나의 생각, 나의 감정을 인지하는 시간이 늘어날수록 나 자신에 대해 바르게 인지할 가능성이 높아집니다. 나 자신을 인지하는 시간을 가져 보세요. 현재를 인식하는 거예요.

보통 사람들은 자신을 설명할 때 과거나 미래를 끌어들입니다. '나는 이걸 했던 사람'이라고 설명하거나 '장차 어떤 사람이 될 거'라고 자신을 설명합니다. 과거의 사람과 미래의 사람은 모두 내가 아닙니다. 지금 현재 존재하는 내가 나입니다. 그래서 모든 감각을 열고 하루에 잠깐이라도 눈을 감고 자기 자신에 대해 인식하고, 내 이름을 스스로 불러 보는 성찰의 시간이 필요합니다. 그래야 정말 내가 나 자신이 될 수 있습니다.

●●● 나의 기준은 어디에서 왔는가

내가 생각하는 기준은 어디에서 왔을까요? 누구나 "이래야지 착해" "이래야지 성공한 거야" 하는 의사 결정과 판단을 내리고 살아갑니다. 그 기준이 어디서 왔냐고 질문해 보겠습니다. 엄마가 얘기했나요? 책에서 읽었나요? 누군가 어떤 대상을 보면서 더럽다고 하면 '왜 더럽다고 판단할까?', 누군가 어떤 대상이 좋지 않다고 말하면 '왜 좋지 않다고 할까?' 하는 판단 기준이 있습니다.

그런데 그 기준은 도대체 어디서 온 걸까요? 더럽다고 판단한 것이 우리와 다른 문화권에서도 더러운 것일까요? 우리가 성공했다고 판단하는 사람들이 다른 나라의 기준에서도 성공한 사람일까요?

제가 대학교에 입학할 무렵 가장 인기 있는 학과가 무엇이었을까요? 법대? 경영대? 컴퓨터공학? 아닙니다. 한의학과였습니다. 왜 그랬을까요? 당시 드라마 〈허준〉의 인기 때문이었습니다. 시청률이 굉장했습니다. 덕분에 한의학과 진학 열기 또한 뜨거웠습니다. 그런데 지금 생각하면 그런 판단 기준은 실소를 자아냅니다.

제가 취업을 준비하던 2007년, 2008년 무렵에 어느 기업이 가장 인기 있었을까요? 삼성? 일류 백화점? 아닙니다. 바로 증권회사였습니다. 왜 그랬을까요? 당시 금융 열풍이 불었거든요. 금융회사가 한창 잘나갈 때 금융회사에 지원한 까닭을 물으면 이런 얘기를 해요. "저는 숫자를 좋아하고 금융계에서 일하는 것에 사명감을 느낍니다." 그런데 금융대란이 일어나니까 그 친구들이 '이건 내 길이 아니었어'라며 생각을 바꿉니다. 알고 보면 자신이 선호하는 기준이 나에게서 비롯되지 않은 경우가 많습니다.

사실 우리가 이게 좋다, 옳다 하고 판단하는데 그것이 진짜 좋은 것인지, 진짜 옳은 것인지, 나의 기준에 의한 결정인지를 물었을 때는 답하지 못하고 막연해집니다. 왜냐하면 자신의 인생을 결정하는 기준 자체가 내 기준이 아니었다는 것을 발견하게 되거든요. 내가 좋고, 내가 행복하고, 내가 정말 즐겁고 가슴 뛰기 때문에 결정하는 그런 기준이 아닙니다. 주변에서 강요한 기준들인 것이지요.

●●● 삶의 기준이 내가 정한 기준인가

어린 왕자가 집을 설명하는 장면을 떠올려 보세요. 복숭아 색 벽돌로 짓고, 창가엔 제라늄 화분을 두고, 하늘의 별이 보이고, 양이 살고 있는 집이라고 표현합니다. 그런데 어른들은 그러한 내용을 궁금해하지 않습니다. 몇 평이니? 얼마짜리야? 라고 묻습니다. 왜 그런 걸 묻는지 어린 왕자는 이해할 수 없습니다.

우리도 그런 오류를 흔히 범합니다. 그냥 세상의 기준에 맞춰 따라가면서 그걸 내 판단 기준인 양 살아갑니다. 이 기준이 왜 중요할까요? 바로 이 기준을 근거로 내가 삶의 주인이냐 아니냐가 결정되기 때문입니다. 사회적인 관습과 부모의 판단과 기준 등이 내 삶의 판단 기준이 되면 내 삶의 주인은 사회와 부모가 되는 것입니다. "이 사람이 자기 삶의 주인이다"라고 정의하는 가장 중요한 근거는 이 사람의 기준이 자기에게 있느냐 없느냐, 에 있습니다. "네가 주인인 삶을 살고 있느냐"고 묻는 것은 곧 "네 삶의 기준이 너의 기준이냐"고 묻는 것과 같습니다. 확실하게 그렇다고 답할 수 있을 때, 나는 내 삶의 주인이라고 얘기할 수 있습니다. 그런 기준이 있나요?

속고 살아왔다는 사실을 인정해야 할지도 모릅니다. 섬뜩한 말이지만 내가 좋은 게 좋은 게 아니고, 싫은 게 싫은 게 아닙니다. 어쩌면 '빅 브라더'가 감시하고 조종하는 세계에서 '트루먼 쇼'를 하고 있는지도 모릅니다.

가장 큰 증거를 들어 볼까요? 우리가 좋다

고 생각하는 기준들을 가까운 다른 나라에 적용하면 아무도 인정하지 않는 것이 대부분입니다. 오히려 좋다고 생각하지 않는 사람이 많습니다. 그래서 가짜라고 말하는 겁니다. 그런데 나만의 기준이 있으면 어느 나라에 가도, 설령 우주에 가도 그건 통용될 수 있습니다. 속고 있다는 사실을 인정하고 자신의 기준을 하나하나 점검해 보세요. 나 자신의 핵심 가치가 무엇인지를 말이지요. 그제야 나 자신의 참모습에 가까이 갈 수 있습니다.

●● 나를 마음껏 표현할 수 있는가

어떻게 마음껏 나를 나타낼 수 있을까요? 나의 기준을 세우고, 그에 따라 행동하고 나를 표현하고 싶어도, 나를 마음껏 나타내는 게 쉽지 않습니다. 한국 사회에서는 특히나 쉽지 않은 일입니다.

최근 새로운 캐릭터의 연예인이 등장해 인기를 끌었습니다. 외국에서 성장기를 보낸 이들인데 타문화권에 익숙한 이들의 행동과 생각이 톡톡 튑니다. 우리는 왜 이들에게 흥미를 가질까요? 우리와는 다른 개념을 갖고 있기 때문입니다.

개그맨의 경우도 그렇습니다. 개념이 바르게 잡힌 사람은 선배 개그맨이 뭐라고 할 것 같으면 위축돼서 제대로 말을 못합니다. 조심조심 눈치를 보고, 자기를 마음껏 표현하지 못합니다. 예능 프로그램에서 개념이 딱 잡힌 출연자들을 보세요. 자기다움이 잘 드러나지 않고 그냥 묻힙니다.

졸업 사진이나 이력서의 입사지원자 사진을 보면 개성이 없습니다. 저는 그렇게 찍는 까닭이 궁금했습니다. 상사가 봤을 때 눈이 덜 피곤하기 때문이라는 말을 들은 적 있습니다. 그런데 이렇게 일반적으로 통용되는 개념이 자기 자신을 제대로 표현하지 못하게 하는 장애물이 될 수 있습니다.

●● 개념 따위는 안드로메다로

대학교 2학년 때 신입생들이 들어오는 것이 무척 설레었습니다. 새내기에게 대학 생활에 대해 뭔가 이야기를 해주고 싶었습니다. 그래서 경영대 학장님을 찾아가 오리엔테이션 때 강연을 하겠다고 했습니다. 학장님이 껄껄껄 웃으시면서 "너 같은 애는 처음 본다"며 승낙해 주셨습니다.

그 강연 어땠을까요? 잘 못했죠. 하지만 저는 뿌듯했습니다. 저의 말에 집중하는 새내기의 얼굴을 보며 얻은 희열이 엄청났거든요. 10년 전 그 경험이 저를 이끌었습니다. 돌아보면, 톡톡 튀는 발상과 행동이 지금의 저로 이끌어 주었습니다. 어찌 보면 개념 없는 행동이지만, 그 행동이 저 자신의 특별함을 표현해내고, 있는 그대로의 모습을 잘 드러내 주었습니다. 개념? 그딴 건 안드로메다로 보내 버리세요.

'개념'을 보통 '예의범절'로 치환할 수 있는데, 예의범절을 지키지 말란 것이 아닙니다. 그러나 그 예의 때문에, 그 개념 때문에 자기 생각이나 호불호를 말하지 않는 것은 금물입니다.

그래서 '어떻게 하면 자신을 마음껏 표현할 수 있느냐'는 질문에 대해, 우선 개념을 덜어 내라고 말하고 싶습니다. 개념을 덜어 낸다는 게 예의범절에 어긋나는 것이 아니라 자기 자신을 있는 그대로의 모습으로 표현하고 정직하게 호불호를 나타낼 수 있는 것이라면 말이지요. 자기 자신을 마음껏 나타낼 수 있는 그런 무개념 혹은 완전히 새로운 개념을 탑재했을 때 진짜 자신을 발견하고 드러낼 수 있습니다.

●● 용기 있는 선택을 하는가

내 선택을 용기 있게 할 수 있는 방법이 무엇일까요? 어떤 개념을 갖고 무엇인가 하고 싶다면, 자신을 위해 그것을 선택하는 게 자기 자신이 되는 시작점입니다.

그 선택을 어떻게 하는지 이야기해 보겠습니다. 저는 〈라디오스타〉라는 예능 프로그램을 즐겨 봅니다. 그중 200회 특집 '공포음악회' 편을 인상 깊게 봤습니다. '공포음악회'에서 게스트들이 무서운 노래를 불렀는데, 당시 출연한 이적의 노래가 〈난 참 바보처럼 살았군요〉입니다.

난 참 바보처럼 살았군요 김도향 작사

어느 날 난 낙엽 지는 소리에
갑자기 텅 빈 내 마음을 보았죠

그냥 덧없이 흘러버린

그런 세월을 느낀 거죠

저 떨어지는 낙엽처럼

그렇게 살다 버린 내 인생을

잃어버린 것이 아닐까

늦어 버린 것이 아닐까

흘려버린 세월을 찾을 수만 있다면

얼마나 좋을까

난 참 바보처럼 살았군요

난 참 바보처럼 살았군요

죽기 직전에 자신의 삶을 돌아볼 때 이 노래가 되뇌어진다고 생각해
보세요. 곁에 있던 사람들이 장송곡으로 이 노래를 불러주는 거예요.
얼마나 끔찍하고 무서울까요?

죽음에 직면하는 순간에는 무가치한 것들이 모두 사라집니다. 진정
으로 가치 있는 것만 남아요. 거기서 선택이 시작되는 거예요.

제게도 그런 사례가 있었습니다. 가까운 가족이 하늘나라로 가면서
그때 죽음이란 걸 직면했습니다. 그때 내 인생에서 가장 가치 있는 것,
평생을 걸쳐 추구해야 할 것이 무엇일까 생각하게 되었습니다. 외람된
말씀이지만 진짜 중요한 것이 무엇인지 알고 행동하고 판단하고 사는
사람들을 보면, 소중한 사람의 죽음을 직면해 본 사람들입니다. 그런
사람들은 자기다운 삶을 생각하며 가치에 목적을 두고 삽니다.

●● 죽음, 내일 죽는다면 나는?

내일 죽는다면 오늘 나는 어떤 선택을 할 것인가? 그 선택에서 나다움
이 시작됩니다. 그런데 이런 이야기들을 하지요.

- 우리 사회는 소수의 사람만이 경쟁과 쟁취를 통해서 성공과 안위
  를 누릴 수 있는데, 어떻게 자기 마음대로 선택할 수 있는가?
- 옆 사람은 땀 흘리며 자기 목표를 향해 달려가는데, 어떻게 마음 놓
  고 내 마음대로 바라볼 수 있겠는가?
- 경쟁 사회 안에서는 어쩔 수 없지 않나?

저는 적자생존을 강조하는 경쟁사회에서 방법을 찾았어요. 그 방법
은, 아예 뒤처지는 거예요. 지금 친구들이 토익 등 다양한 스펙을 쌓느
라 난리 났다고 가정해 보세요. 그런데 무얼 어떻게 해야 할지 모르겠
어요. 그때 1년간 아프리카에 가는 거예요. 전 세계를 여행할 목표를 세
우고 실행하는 거죠. 아예 뒤처져 보는 겁니다. 어느 대학에 갈까, 이런
얘길 하고 있을 때, 학교를 중퇴해 버리는 거예요. 결혼을 해야 할 나이
에 다른 나라로 가버리는 거예요. 이럴 때 완전히 독립한 자신과 마주
하며 자신에 대한 성찰을 깊이 하게 됩니다.

'이 경쟁에서 더 이상 놀아나지 않을 테야!' 이렇게 결심할 수 있는
게 청춘의 특권입니다. 저도 이제껏 여러 압박감을 마주하며 살아왔어
요. 회사에 들어가면 경쟁은 어느 정도 끝나는 줄 알았거든요. 그런데
또 승진 경쟁을 하는 거예요. 유학 가서 경쟁하고 마치고 오면 취업 경

쟁하고, 마음에 드는 배우자를 얻기 위해 경쟁하고, 자녀가 태어나면 교육 경쟁하고, 아파트 경쟁하고, 차 경쟁하고, 이제는 죽기 직전에 묏자리 경쟁까지 하는 사회에 살고 있어요.

그러다 인생이 끝나갈 때 〈난 참 바보처럼 살았군요〉이 노래를 부르게 되는 거죠. 그런데 이걸 끊어내지 않으면 진정한 내 삶은 놓친 채 타인의 기준에 의해 놀아나겠다 싶더라고요. 큰 용기가 필요합니다. '나는 이 만들어진 게임에서 이탈하겠어!'라고 마음먹어야 합니다. 결코 쉽지 않습니다.

죽을 것 같은 경험을 한번 해 보는 건 어떨까요? 번지점프라도 한번 해 보세요. 마주쳐 보세요. 용기 있는 선택에 한 걸음 더 다가설 수 있습니다.

●●● 뭘 좋아하는지 어떻게 아는가

"내가 무얼 좋아하는지 어떻게 아는가?" 하는 질문은 청춘들이 몹시 궁금해하는 주제 중 하나입니다. 내가 무얼 좋아하는지 어떻게 알 수 있을까요?

가까운 친구에게서 "노래 잘 불러?" 질문 받으면 대개는 "나 노래 못 불러"라고 답합니다. 하지만 그 말은 거짓이에요. 노래를 아예 못 부를 수는 없죠. 어떤 편견에 의해 자기가 노래를 못 부른다고 판단하고 노래를 부르지 않는 것일 뿐이에요. 진짜 노래는 어떤 노래일까요? 설거지를 하면서 흥얼거리는 노래 있잖아요? 그 노래가 자기가 진짜 좋아하는 노래예요. 노래방에 가서 분위기 띄우려고 부르는 그런 노래 말고, 혼자 있을 때 또는 길을 걷고 있는데 흥얼거리게 되는 노래가 자신이 좋아하는 노래예요.

그렇다면 자기가 좋아하는 일은 뭘까요? 혼자 있을 때 즐겨 하는 일! 아무도 내게 신경을 쓰지 않을 때, 아무도 나를 보지 않을 때 내가 하는 일을 살펴보면 내가 진짜 좋아하는 일이 무엇인지 알 수 있습니다.

●● 나다움이 없는 '아무거나'

마이크임팩트 여직원들이 남자 직원들에 대해 얘기할 때 매력 없는 남자 1위로 꼽은 게 있습니다. '음원 차트 Top100'을 듣는 남자입니다. 마찬가지로 베스트셀러만 읽는 남자, 무조건 예매율 1위 영화를 선택해서 보는 남자, 이런 남자가 매력 없는 남자입니다. 그런 사람일수록 자기가 무얼 좋아하는지 모릅니다.

이를테면 대학을 갈 때는 많은 사람이 선호하는 대학을, 취직을 할 때는 많은 사람이 가려는 회사를, 배우자를 선택할 때는 많은 사람이 선호하는 배우자를 고르는 사람이에요. 이런 식으로 선택하는 사람은 자기가 정말 좋아하는 것이 무엇인지 모릅니다. 그런 사람이 '음원 차트 TOP100'을 고르고 '베스트셀러 10위'에서 독서 목록을 정합니다. 그런 음악과 책을 선택하는 것이 곧 무취향, 무개성, 비호감의 모습입니다.

그래서 '아무거나'라는 메뉴가 있는 식당이 생겨났습니다. 음식 메뉴를 고를 때 '아무거나' 달라고 하고, 제일 잘나가는 메뉴가 뭐냐고 묻는 사람들은 자신의 입맛을 모르는 사람입니다. 반면 식당에서 자기가 원하는 메뉴를 잘 고르는 사람이 있습니다. 이기적으로 자기 메뉴만 잘 고르는 사람 말이에요. 함께 영화를 보러 가도 그렇고요. 그런 사람일수록 자기 자신이 누구인지 잘 알고 있는 경우가 많습니다. 자기가 무엇을 좋아하는지 알고 그것을 표현하는 것이 바로 나의 취향입니다. 이런 작은 선택에서 자신이 무엇을 좋아하는지가 나타납니다. "네가 먹고 싶어 하는 거 먹을게" "그냥 아무거나"라고 하는 것이 아니라 자신이 진짜 좋아하는 게 무엇인지, 어떤 음식을 먹고 싶은지 스스로 물어보세요. 그 대답이 내 취향입니다.

자기가 무엇을 좋아하는지에 대해 어렵게만 생각하지 말고, 좋아하는 노래와 영화 장르가 무엇인지, 혼자 있을 때 무얼 하는지 등을 질문해 보아야 합니다. 그 취향이 자기 자신을 아는 시작입니다. 사소해 보이는 질문부터 시작해 보세요. 마이크임팩트 스쿨의 여러 강의 중에서 이걸 듣고 싶다, 연사들을 보면서 저 연사의 이야기를 계속 듣고 싶다, 이런 선호도를 표현할 수 있는 사람이 자기를 아는 사람입니다. 그렇게 선택을 단호하게 해 보는 것이 자기 자신이 누구인지 아는 첫걸음이 됩니다.

●●● 내 모습이 싫으면 어떻게 해야 하나

'내 모습이 싫은데 어떡하지?'라는 고민을 하는 이들이 많습니다. 지금 자신의 모습이 좋다고 생각하는 사람 손들어 보라고 하면 소수의 몇몇만 표현합니다. 건강한 자존감이 있어야, 즉 자기 자신을 좋아해야 행복하게 살 수 있습니다.

마이크임팩트 멤버들 중에 제 키가 작다고 놀리는 사람이 있었습니다. 저는 그럴 때, 내가 키가 컸으면 큰일 났을 거라고, 키도 크고 아무 결함이 없으면 내 잘난 맛에 사는 교만한 사람이 되어 방만하게 살지 않았겠느냐, 이렇게 답합니다. 키가 작다는 것을 겸손의 근원으로 삼는 것이지요. 또 남자는 키가 커야 한다는 세상 기준에 대해 "반사!" 하며 거절한 것입니다.

자기 자신을 싫어하는 이유가 다른 사람의 기준 때문이라면, 그것은 반사할 필요가 있습니다. 그렇지 않고 스스로 생각할 때 싫은 부분이 있다면 이는 고쳐야 합니다. 분리해서 생각해야 해요. 자기가 못생겨서 싫다고 가정해 보죠. 그런데 못생겼다는 생각이 상대방이 얘기해서 그런 게 아니라 내 자신이 봤을 때 진짜 싫다면 뭔가 노력을 해야 합니다. 자아에 대한 부정적인 생각을 계속 갖고 살 필요는 없어요. 하지만 다른 사람이 싫어하기 때문에 나도 싫어하는 거라면, 그건 절대 받아들여서는 안 됩니다.

열등감이 오히려 자기 발전의 원동력이 될 수 있다고 생각합니다. 열등감은 자신을 파멸로 이끌 수도 있고 성장으로 이끌 수도 있습니다. 그런데 그 열등감이 남이 지적하는, 즉 남의 기준에서 오는 열등감이라면 그것은 십중팔구 족쇄가 됩니다. 그런데 자신에게 부족한 부분이라 생각되면 자기 발전으로 승화시킬 수 있습니다. 남의 기준을 쉽게 받아들이지 마세요.

자신을 찾는 첫걸음을 어떻게 내딛을까? 매우 중요한 질문입니다. 어떻게 선택을 할까? 우선 저에게 그 첫걸음이 무엇이었는지 생각해 봤습니다. 대학교 3학년 때 저희 과 학우들을 보고 깜짝 놀랐습니다. 경영학과 학생들의 70퍼센트가 같은 공부를 하고 있었습니다. 거의 대부분이 공인회계사CPA가 되기 위한 공부를 해요. 똑똑한 친구들이 모두 같은 시험공부에 매달리고 있으면 내가 회계사가 되는 건 어렵지 않을까, 하는 생각이 들더군요.

저는 "이 길이 내 길이 아닌 것 같습니다"라고 얘기했어요. 많은 사람이 일관되게 그 길을 얘기하지만 저는 왠지 아닌 것 같다고요. 고민하다가 BCG Boston Consulting Group, Inc.: 보스턴컨설팅그룹라는 경영컨설팅 회사에 가고 싶다고 부모님께 말씀드렸어요. 부모님이 "BCG면 예방주사 놓는 데니?"라고 하시더군요. 낯선 선택이어서 걱정과 의구심을 가지셨죠. 그건 오직 저의 선택이었어요.

놀라운 것은 주체적인 선택을 하고 나니까 그다음 발걸음은 쉬워졌습니다. 대학교 4학년 취업 직전 여름이었어요. 그때는 다들 토익 공부하느라 난리잖아요. 그런데 저는 취업 시즌의 마지막 주에 세계쇼핑대회에 도전했습니다. 홍콩에서 열린 국제대회였는데 한국 대표로 참가한 것입니다. 거기서 우승하여 다이아몬드를 상금으로 받았어요. 친구들은 도대체 거길 왜 나가느냐며 이해할 수 없다고 했지만, 저는 가고 싶어서 선택했어요. 졸업 직전 중요한 시간이었지만 저 자신이 쇼핑하는 걸 좋아하고 몹시 가고 싶으니 저질러 본 거예요. 이러한 성향으로 실행하니 두 번째는 더 쉬웠어요. 하지만 세 번째 선택은 좀 어려웠습니다.

그 세 번째 선택이 '창업'이었습니다. 마이크임팩트를 시작했을 때 사람들이 "너, 미쳤구나" 했습니다. 아무도 무슨 사업인지 몰랐습니다. 그때는 또 창업이란 개념이 미약했습니다. 사람들이 제게 "너, 왜 하는 거니?"라고 묻곤 했죠. 하지만 했어요! 그러고 나니 주변 사람들은 저를 포기하기 시작합니다. 점차 초연한 듯 "그래, 네 길을 가라"고 하더군요.

그 후 신기한 것은, 차츰 사람들이 저를 주목하는 거예요. 창업에 도전한 제 행보를 보며 응원하기 시작합니다. 제가 선택한 목적지로 첫걸음을 내딛고, 그 첫걸음에 제가 책임을 졌습니다. 좋은 결과를 창출하도록 분투하며 책임감을 가지고 증명해내는 거죠. 내 선택과 판단이 틀리지 않았다는 걸 증명해 갔습니다. 아무도 이해할 수 없는 선택을 했지만 과정과 결과로 내가 옳았다는 것을 보였습니다.

자기 자신의 삶을 살 수 있는 방법은 하루라도 빨리 부모님의 기준에서 벗어나 스스로 의사 결정을 하는 것입니다. 그제야 비로소 자신이 원하는 대로 선택할 수 있습니다. 그런데 청춘들에게 이 선택은 너무나 과감한 것이어서 적용하는 데 큰 부담을 느낍니다.

그래서 좀 더 나다운 삶을 사는 친구들을 살펴보면 자취하는 이들이 많습니다. 아무래도 부모님의 우산 속에 있으면 자기 선택을 하기가 어렵지요. 부모님의 의견과 생각에 개의치 않는 선택을 해 보세요. 한번 하고 나면 점점 더 자신다운 선택에 가까워지고 쉬워질 거예요.

저는 모든 청춘에게 자기 선택을 빨리 하고, 그것을 증명하라고 얘기하고 싶어요. 증명해 보십시오. 더욱 더 자신다운 삶에 접근해 갈 수 있을 것입니다.

Q&A 1
나를 행복하게 하는 것이 무엇인지 아는 것

청춘

직장을 다니다가 하고 싶은 일이 생겨서 퇴사했습니다. 지금 저는 정말 좋습니다. 그래서 주변에 "네가 좋아하는 걸 찾아라", "너는 좋아하는 게 뭐니?" 이런 얘기를 많이 해요. 그런데 제가 질문을 던지면 스트레스를 받는 친구들이 있더라고요. 그러다 보니 내가 너무 꿈을 강요하는 게 아닌가, 그 사람들은 잘 살고 있는데 그 안정적인 걸 내가 인정하지 않는 건 아닌가, 하는 생각이 들더라고요. 대표님은 "네가 좋아하는 걸 찾아라, 행동해라"라고 말씀하셨는데, 상대방이 혼란스러워 하면 어떤 피드백을 주시겠어요?

동헌

맞아요. 좋아하는 걸 찾으라는 말이 어떤 사람에게는 폭력이 될 수 있어요. 저도 한때 그런 생각을 한 적이 있습니다. 안정적이긴 하지만 관성적으로 직장을 다니고 있는 사람들을 보면 좀 안돼 보이는 거예요. 그래서 왜 계속 회사에 다니는지 친구에게 물어봤어요. 그는 자신이 좋아하는 게 없다고 했어요. 그런데 계속 묻다 보니 안정적으로 월급 받고 안정적인 가정을 꾸리고 펀드해서 돈 벌고, 이런 삶을 좋아한 거였어요.

누구나 뭔가 대단한 꿈이 있을 거라는 선입견을 가지고 있어요. 거창하게 세계여행을 할 거야, 창업을 할 거야, 세상을 바꿀 거야, 이런 꿈이 있어야 꿈다운 꿈을 가졌다고, 좋아하는 것을 가졌다고 생각하죠. 저는 친구 얘기를 듣고 새삼 배운 게 있어요. 평범해 보이는 것에 매료될 수도 있다고 말예요.

자신이 기뻐하는 것은 일반적인 예측을 벗어날 수 있어요. 아는 형이 외식업을 시작했는데, 한번은 뭐가 제일 좋냐고 물어봤어요. 자신의 능력으로 돈을 벌어서 좋다는 얘길 할 줄 알았는데, 음식이 손님들의 입에 들어갈 때 행복해하는 표정을 보는 것이 가장 좋다는 거예요. 사실 진짜 좋은 건 이처럼 당사자만 압니다. 그런데 대부분 뭔가 좋아하는 걸 심각하게 생각하니까 일상에서 괴리감을 갖게 되지요.

일상생활에서 느끼는 감정으로 자기 자신의 모습을 직시해 보세요. 나에게 기쁨이라는 감정이 들 때, 정말 행복하다고 느낄 때 왜 행복한지를 생각해 보는 거예요. 그 순간을 잘 포착하면 진정 내가 무슨 일을 해야 할지, 나아가 구체적으로 어떤 직업을 택해야 할지 알 수 있습니다.

또 반대로 회사를 나온 사람들 있잖아요? 진짜 좋아하는 일을 찾아서 회사에서 나왔는데 '어, 이 일이 내게 맞는 일이 아니네'라는 생각이 드는 경우도 있습니다. 예상과 달라 당황해하며 낯선 불안과 위기에 직면하게 되지요. 어느 조직을 벗어나 뭔가 다른 것을 하고 싶은 마음이 들 때는 원심력과 구심력이 작용합니다. 원심력은 도는 힘이 세서 튕겨져 나오는 것이고, 구심력은 밖에서 끌어당기는 힘이 큰 경우예요. 원심력은 많은 직장인들이 범하는 오류인데 그냥 직장을 나오고 싶은 것입니다. 한편 구심력은 '어, 내 생각과 많이 다르네' 하는 경우입니다. 뭔가 멋있어 보이는 직업들에서 그런 오류를 접할 수 있습니다. 패션모델, 에디터 같은 직업이 괜찮아 보여 시작했는데 실제 그 현장에 들어가 보니 힘겹고 어려워서 실망하는 경우가 많습니다. 그때 이것이 내 길인지에 대한 진짜와 가짜가 판가름 납니다. 환경이나 주변 사람들이 거대한 장애물로 다가와도 계속하고 싶다면 그건 진짜입니다. 그런데 장애물 때문에 너무 힘들어서 그만두고 싶다면 그건 가짜입니다.

어떤 일을 했을 때 무엇이 자기 기분을 좋게 하는지를 정의 내릴 수 있어야 합니다. 저도 강연을 준비하는 일은 고단하지만, 강연 시간에 청중이 눈을 반짝이며 제 이야기에 귀를 기울여 줄 때 큰 기쁨을 누립니다. 제게는 그러한 기쁨이 강연의 형태로 발현된 거죠. 발현의 방식은 다양합니다. 정치인이 되어 연설을 할 수도 있고, 선생님이 될 수도 있고요. 그에 따른 방식의 선택은 차후 문제입니다.

Q&A 2
가장 이기적인 선택이 가장 이타적인 선택

청춘

자기가 좋아하는 일과 자기가 실제로 하는 일은 좀 다르다고 생각해요. 일단 자기가 하고 싶고 좋아하는 일을 직업으로 삼고 돈 버는 사람들은 행복하고 복 받은 사람이겠죠. 그런데 그러려면 주변의 많은 도움과 희생이 있어야 하지 않을까요? 그러면 본인은 무척 행복할지라도 주변에서 보기에는 되게 이기적이라고 생각할 수 있을 것 같아요.

동헌

제가 바로 주변의 행복을 희생시킨 대표적인 사례예요. 가족의 행복이 저로 인해 희생된 부분이 있어요. 부모님은 장남인 제가 어디에 다니고 있고 무슨 일을 하고 있다는 등 보편적으로 인정받는 자랑을 하다가 갑자기 그런 얘기를 할 수 없게 되셨죠. 어느 날부터 창업한 아들이 걱정스러워지면서 이전에 누리시던 행복감이 크게 침해되었어요.

그런데 신기하게도, 내가 행복하니까 가족과 내 주변 사람들도 행복해지더라고요. 내가 정말 즐거워하고 일에서 보람을 느끼기 시작하니까 상대방도 그렇게 느끼게 된 거예요. 가족이 원하는 선택을 했다면, 겉으로 행복해 보일지라도 그건 지속 가능하지 않아요. 반대로 이기적인 선택을 한 경우를 보면, 그 선택 때문에 자기가 행복해지면 주변 사람도 같이 행복해집니다. 어찌 보면 가장 이기적인 선택이 남을 위한 선택일 수도 있어요. 그 일을 통해 자신이 기쁨을 누릴 수 있다면요.

Q&A 3
잃을 것을 명확하게 파악하라

저는 하고 싶은 일이 오히려 너무 뚜렷해서 불행한 편입니다. 제가 고집하는 것을 계속 했는데, 연거푸 실패만 하게 되면 그때 오는 좌절감은 어떻게 극복해야 하나요?

마이크임팩트 멤버들은 제 동생을 알아요. 제 동생은 공대에 진학했어요. 그런데 동생이 대학생이 된 뒤 수업에 들어가지 않는 거예요. 고등학교 때 밴드를 하면서 집안을 발칵 뒤집어 놓더니 대학에 가서도 음악에만 빠져 살았어요. 학교 그만두고 기타 실력을 키워서 음대로 편입하겠다고 선언했지요. 그래서 중퇴하지는 말고 휴학하고 해 보라고 했어요. 그랬더니 음악 입시 준비하는 학원에 등록해서 매일 지하실에서 석 달간 준비를 하더군요. 그러다 어느 날 본인이 안 하겠다 선언하고 군대에 갔습니다.

제 동생은 음악에 도전했다가 실패했어요. 그런데 이 실패가 동생의 인생을 더 좋은 방향으로 이끌었습니다. 그는 음악 공부로 키운 예술적 감성을 활용해서 현재 UX 디자이너user experience designer로 활동하고 있거든요. 미국 시애틀 마이크로소프트사에 취직해서 일하고 있어요. 동생이 성장기에 자신이 원한 음악을 해 보지 않았다면, 가족이 승낙하고 지켜봐 주지 않았다면, 어쩌면 지금 가족을 원망

하면서 인생의 낙오자로 살고 있을지도 모른다는 생각이 들어요.

저도 창업 초기에 부모님께 말씀 안 드렸어요. 반대하실 걸 잘 아니까요. 나중에 아시곤 난리가 났죠. 저는 2년만 시간을 달라고 말씀드렸어요. 2년 안에 가시적인 성과를 못 내면 그만두겠다고요. 그렇게 말씀드리니까 기다려 주셨어요. 2년 뒤에 봐서 아니면 말겠거니 하셨고, 이 길이 맞으면 그 길로 가도 무방하다고 보신 거죠.

실패가 두려운 건 잃어버릴 것들 때문이에요. 그런데 잃는 것을 명확하게 파악해 보면 별거 아닌 경우가 많아요. 오히려 5년, 10년 계속 같은 상태로 있을 때 문제가 심각해질 수 있어요. 그래서 실패했을 때 잃어버릴 최대치를 파악해야 합니다. 그것들을 잃어도 괜찮다 싶으면 도전하고, 잃는 게 너무 두렵다 싶으면 도전하지 말아야 합니다. 그렇게 헤아려 보고 도전하는 것이 중요합니다. 화살을 쏘기 전에 활시위를 충분히 밀고 당겨 보면서 긍정과 부정을 헤아려 본 뒤 만작 활을 최고로 당긴 상태 에서 쏘는 것이 중요해요. 오랫동안 끌다가 너무 힘을 빼도 안 되죠. 한번 그렇게 뛰어들어 보고 실패하더라도 소중한 교훈을 얻은 경험으로 여기면 좋겠어요.

Q&A 4
내가 잘할 수 있는 것을 찾는 방법

취업을 준비하는 학년이라 어떤 분야를 확실히 알려면 시간을 투자해야 한다고 생각합니다. 그러기에는 제가 너무 나이 든 것 같아요. 나이 때문에 현실을 직시해야 될 것 같고요.

동헌

취업 준비 중이시군요. 방송을 통해 한비야 씨를 보면 세계여행을 하고 싶다, 메이저리그에서 활약한 박찬호 선수를 보면 세계무대에서 이름을 높이고 싶다, 이렇게 생각하게 되지요. 그런데 이런 정보가 많아질수록 점차 자기중심을 잃는 경우가 생깁니다. 그래서 자기가 하고 싶은 일을 생각했을 때 어찌 보면 진짜가 아닌 경우도 많습니다.

다중지능多重知能 multiple intelligence, 미국 심리학자 하워드 가드너의 이론으로 인간의 소질과 능력은 언어, 논리수학, 공간, 음악, 신체운동, 인간친화, 자기성찰, 자연친화 등 다차원적인 지능의 모습으로 존재한다는 개념 검사에 대해 들어 보셨나요? 하버드 대학에서 다중지능 검사를 했는데, 김연아나 보아 같은 친구들은 그 검사에서 이미 성공을 이룬 지능이 높게 나왔다고 합니다. 그들에게는 타고난 재능이 있었던 거죠. 오직 연습에 연습을 거듭해서 그 재능이 만들어진 게 아니었습니다. 그래서 저는 제 자신에 대해 공인된 다양한 분석 과정으로 재능을 알아보고 싶었어요. 제가 시도할 수 있는 모든 검사를 해 보았죠. 애니어그램, MBTI, 강점 찾기 등. 그런데 신기하게도 하나로 귀결되는 부분이 있었습니다. 그건 자기 안에 내재된 나침반 같은 거예요.

외부의 기준으로 내가 이것을 선택하면 잘될까 판단하는 건 아무 의미가 없어요. 여러분이 자기에 대해 알 수 있는 각종 지표들로 자기 분석을 직접 해 보세요. 공통된 방향으로 귀결되는 지점을 발견할 수 있을 거예요.

특히 친구들은 저를 보면서 이런 말을 많이 해요. "너, 마이크임팩트 하는 거 되게 잘 어울린다." 이건 어떤 판단에 근거해서 하는 말이 아니에요. 직감적으로 하는 말이죠. 일도 그렇고, 꿈도 그렇고 그 일에 어울린다는 말은 직관에서 나옵니다. 그런데 본인은 잘 몰라요. 친한 친구한테 리스트를 가져가서 "야, 이거 나한테 어울려, 안 어울려?" 물어보세요. 비교적 정확한 답을 얻을 수 있을 거예요. O, X 체크하고 자신한테 어울리지 않는 것을 걸러 내세요. 이런 직감적인 판단을 해 줄 수 있는 사람의 조언을 얻으면, 내가 잘할 수 있고 어울리는 일에 대한 윤곽을 잡을 수 있을 거예요. 하고 싶은 게 많은 분은 꼭 그런 방법을 활용해 보면 좋겠습니다.

Q&A 5
회사에서 나오기 전에 꼭 질문해야 하는 것

안정적인 회사에서 나올 때 어떤 마음으로 결정했나요?

저는 회사를 그만두면 뭔가 큰일이 날 줄 알았어요. 그런데 아무 일도 안 일어났어요. 의사 결정 기준은 이거였어요. 한 직장에서 일정 기간을 근무했고 일을 많이 배웠다는 전제 아래 내가 여기에 평생 있을 것인가, 아니면 언젠가 나올 것인가를 생각해 보는 거죠. 저는 퇴직할 때까지 다닐 회사라는 생각은 들지 않았어요. 언젠가는 나올 거라는 생각이 들었기 때문에 과연 그 시기가 언제인가가 문제였던 거죠. 그래서 과감하게 결정할 수 있었어요. 언젠가 당면할 이슈였기에 고심 끝에 한번 마음에 확신이 서니 실행은 어렵지 않았습니다. 그래도 1년 이상은 견뎌 보는 게 필요해요. 이직을 하더라도 일정 기간은 근무하면서 경험을 쌓는 것이 도움이 됩니다.

Q&A 6
1년은 의미를 찾는 최소의 기간

이직을 고려하더라도 1년은 버티라고 하셨는데 어떤 이유 때문인가요?

자기 일에 대해서 보통 재미와 의미를 얘기합니다만, 재미가 없으면 직장 생활이 힘들죠. 하지만 의미는 있어야 하잖아요? 그런데 6개월만 하고 나오면 의미가 없어져요. 1년 이상 다니면 경력으로 인정되고 지난 1년을 돌아봤을 때 가치 있다고 얘기할 수 있는데, 3개월이나 6개월 다니다 나오면 경험은 되겠지만 경력으로는 인정받지못해요. 안 다닌 걸로 간주되죠.

그래서 의미 있는 최소 기한이란 게 있습니다. 여자 친구를 사귀더라도 100일 이상 사귀어야 의미가 있는 것과 같다고 볼 수 있어요. 한 달도 만나지 않은 사람과는 교제했다고 할 수 없으니까요. 의미를 둘 만한 교제가 아니죠. 암묵적인 그런 최소 기한이 있어요. 관계에서도 그렇고, 직장에서도 그렇습니다.

직장에서는 최소 1년이란 기간에 의미를 둡니다. 그런데 예외가 있어요. 이 시기를 나한테 아무 의미도 없게 하고 싶다, 내 인생 기록에서 말끔히 지워 버리고 싶다면 되도록 빨리 나오는 게 좋아요. '내가 지난 1년간 뭐했지?'라고 자문해 보았을 때, 나를 병들게 하는 일들과 괴롭고 허무한 시간 낭비뿐이었다면 더 이상 지체하지 말고 나오는 것이 바른 결정이에요. 자신이 일하는 것에 대한 의미를 살펴보세요. 인생 기록에서 지우고 싶을 정도가 아니고, 무엇인가 하나라도 내게 의미가 있고 유익이 있다면 최소한의 시간은 인내하며 견뎌 보아야 합니다.

꿈,

꿈은 어떻게
찾아야 하나

◇◇◇◇◇◇◇

나는 무엇을 하고 싶고, 무엇을 가지고 싶은가?
나의 꿈을 be, do, have 세 가지 영역으로
구분하여 무엇을 가장 이루고 싶은지 자신에게 질문해 보세요.
여기서 자신의 꿈을 명료하게
정의 내릴 수 있습니다.

가슴이 떨리는 순간,

그 순간들을 차곡차곡

쌓아 가다 보면

내가 이런 방향을

원하고 있었다는

그림을 그릴 수 있습니다.

●● 분명하고 실제적인 질문을 던지는가

꿈에 대한 분명하고 실제적인 질문이 있어야 합니다. 질문이 없으면 그 다음으로 나아갈 수가 없습니다. 배움은 어디서부터 시작될까요? 바로 호기심과 질문에서 시작됩니다. 답과는 상관없이 질문을 명확하게 정 의하는 것이 중요합니다.

창업 전에 저는 경영 컨설팅 회사를 다녔습니다. 컨설팅이란 경영의 문제들을 해결하는 일을 말합니다. 따라서 경영 컨설턴트의 정의는 문 제 해결자라고 할 수 있습니다. 문제 해결의 시작점은 바로 '문제의 정 의를 내리는 것'입니다. 내가 가진 질문이 무엇인가? 그것을 정의해야 다음 단계로 나아갈 수 있습니다. 자신이 어떤 질문을 가지고 있는지 명확하게 생각해 보세요. 기록해 보기도 하고요. 그래야 자신의 꿈의 방향을 찾을 수 있습니다.

사실 꿈에 대한 질문은 많지요. 그 질문들 가운데서 일곱 가지를 추 려 봤습니다.

- 꿈이란 무엇인가?

- 꿈은 꼭 가져야 하나?

- 어떤 꿈이 진짜 꿈인가?

- 어떻게 꿈을 찾을 수 있나?

- 어떻게 꿈을 이룰 수 있나?

- 꿈을 못 이루면 어떻게 하나?

- 어떤 꿈이 좋은 꿈인가?

● ● ● 나의 do 꿈과 나의 have 꿈은 무엇인가

꿈이란 무엇일까요? 꿈은 개인마다 다르고 다양하지만, 사실은 꿈이라는 게 결국은 be, have, do 이 셋 중 하나입니다. 무엇이 되고 싶다, 무엇을 갖고 싶다, 무엇을 하고 싶다, 이 셋 중 하나로 모든 꿈은 귀결됩니다. 나의 꿈은 어디에 해당하나요?

우리가 꿈에 대해 인식하기 시작한 것은 어린 시절 어른들에게 받은 질문 때문입니다. "커서 뭐가 되고 싶니?"라는 질문을 우리는 계속 받고 자라왔습니다. 이런 질문에 대해서는 직업에 대한 답변밖에 할 수 없습니다. 어린 시절부터 꿈을 직업으로 얘기하는 훈련을 받아온 것입니다. 네 꿈이 뭐냐고 물으면 과학자, 대통령, 가수 등 이런 식으로만 얘기해 왔습니다.

그래서 바라던 직업을 얻지 못하면 쉽게 좌절하고 꿈을 잃었다고 생각하는 경우도 흔합니다. 원래 목표한 직업을 갖지 못하면 꿈이 좌절된 것 같고, 그런 상태가 계속되면 절망에서 벗어나지 못합니다.

그러나 꿈의 본질을 살펴보면 오히려 직업이나 직장과 무관하다는 것을 알 수 있습니다. 한국인의 꿈은 be로 귀결되는 경우가 굉장히 많아요. 한번쯤 do와 have도 생각해 볼 필요가 있습니다.

나의 do 꿈과 나의 have 꿈은 무엇일까? 나는 무엇을 하고 싶고, 무엇을 가지고 싶은가? 나의 꿈을 be, do, have 세 가지 영역으로 구분하여 무엇을 가장 이루고 싶은지 스스로 질문해 보세요. 이 과정에서 자신의 꿈을 명료하게 정의 내릴 수 있습니다. 한국 사회에서 얻은 꿈의 정의를 뒤집어 볼 필요가 있어요. 그럴 때 비로소 직업이나 직장의 영역으로 한정된 be의 꿈에서 벗어나게 됩니다.

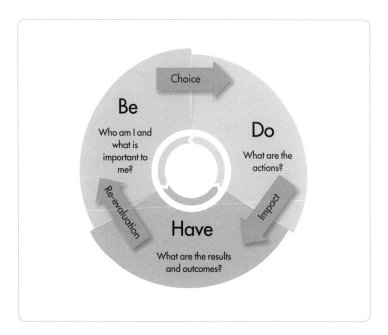

●● 무엇이 꿈이 되는가

과연 무엇이 꿈이 될 수 있을까요? 어떤 꿈이 꿈의 자격을 가질 만한 것일까요? 우선 우리가 지닌 꿈에 대한 거창한 인식을 버릴 필요가 있습니다. 사람들은 흔히 꿈을 거창한 것으로 생각하는데, 그 꿈이 내게 의미 있는 진정한 꿈이 되는 것은, 나 자신을 움직이게 하고 가슴을 뛰게 하는지의 여부에 달려 있습니다. 다시 말하면 지금 나를 움직이게 하고, 나를 나답게 하고, 나를 가슴 뛰게 하는 것이라면 바로 그것이 내 꿈입니다.

가슴 뛰게 하는 꿈은 그렇게 거창한 게 아닙니다. "유럽 여행을 하고 싶어." "내 책을 내고 싶어." "이성 친구를 사귀고 싶어." 모두 가슴 설레는 꿈이에요. 이런 게 내 꿈이라 밝히면 하찮은 사람으로 보일까 봐 주저하는 거죠. 아무리 사소해 보이는 꿈이라도 지금 나를 움직이게 하는 동력이 된다면 그건 내 꿈입니다. 꿈은 내 하루하루에 살아 있는 의미를 부여합니다. 그래서 진정한 꿈을 가진 사람은 살아 있다고 이야기합니다.

●● 나를 움직이게 하는 동력이 있는가

마이크임팩트를 엄청난 기업, 세상을 바꾸는 기업, 구글 같은 세계적인 기업으로 키워 가는 꿈으로 경영해 갈 수도 있습니다. 하지만 그런 꿈이 저를 가슴 뛰게 하거나 움직이게 하지는 않습니다. 지금 저를 움직이게 하는 것은 마이크임팩트 멤버들 모두 내 고향 제주도로 다 같이 워크숍을 가는 것, 결혼 적령기의 마이크임팩트 멤버들이 행복하게 결혼하는 것 등 어떤 관점에서는 소박한 것들입니다. 사실 이처럼 거창하지 않은 데서 꿈이 시작되고, 그것이 진정한 꿈으로 진화해 갑니다. 그래서 저는 큰 꿈이나 거창한 꿈을 얘기하는 사람보다 '진짜 이 꿈이 이 사람을 움직이게 하고 있구나' 하는 느낌이 드는 꿈에 감동을 받습니다.

내가 가진 그 꿈이 실제로 나를 가슴 뛰게 하고 움직이게 하는지 스스로 질문을 던져 보세요. 결국 꿈이라는 건 내가 살아 있는 의미이고, 나를 살아가게 하는 동력입니다. 꿈이 없으면 내가 살아 있다고 말할 수 없습니다. 지금 나의 꿈은 무엇인가요? 너무 멀리 갈 필요 없습니다. 다음 달, 이번 학기, 내년에 진짜 나를 가슴 뛰게 하는 꿈을 생각하면, 내가 지금 해야 할 일이 보일 것입니다. 이런 꿈이 진짜 꿈이고, 꿈의 정의라고 할 수 있습니다. 제가 이 질문이 내 꿈을 찾는 첫 과정이라고 한 건, 이를 정의하지 않으면 그다음으로 나아갈 수 없기 때문입니다. 계속해서 꿈을 명확하게 정의하고 나아가지 않으면 항상 추상적인 꿈속에서 살게 되고 삶은 조금도 바뀌지 않습니다.

●● 꿈은 꼭 가져야 하는가

저는 개인적으로 꿈이 없는 삶이 진짜 편한 삶이 될 수도 있지 않을까 가끔 생각합니다. 꿈이 없으면 되게 편하지 않을까요? 집착도 욕심도 없이 자기가 부족한 것도 느끼지 않고, 현재 속에서 그냥 살게 되니까요. 편안하게 안정적으로, 자급자족하면서, 먹을 거 먹고 입을 거 입으면서 그렇게 살 수 있지 않을까요?

그런데 그렇게 살다 보면 어느 순간 질문이 떠오를 겁니다. '어, 내가 왜 태어났지?' '내 삶의 의미는 뭐지?' '내 꿈이 뭐지?' 이런 질문을 잠재우고 살 수 있다면 계속 그렇게 살면 됩니다. 그런데 이 질문을 견디지 못한다면 눈 크게 뜨고 용기 있게 마주해야 합니다.

이런 질문을 가장 많이 던지는 시기가 언제일까요? 직장 생활 2, 3년차쯤 됐을 때입니다. 공감하실 거예요. 근무 3년차가 되면, 또 다른 사춘기가 와요. 원하는 직장을 다니고 어느 정도 돈도 벌고 사회생활도 알 것 같은 그때 진짜 꿈에 대한 질문이 시작됩니다. 사실은 그때가 기준점입니다. 자기 꿈을 따라가느냐, 아니면 현재 모습 그대로 살아가느냐. 대학생들 역시 이런 질문에 봉착하게 될 것입니다. 결국 모든 사람은 삶의 어느 순간에 삶에 대한 의미, 내 꿈은 무엇인지에 대한 질문과 필연적으로 대면하게 됩니다.

이 질문에 만나는 순간, 우리는 반드시 예스^{Yes}든 노^{No}든 답을 해야 합니다. 꿈을 가지지 않는 것보다 더 구속돼 있는 상태가 이 질문을 외면하고 사는 삶입니다. 이 답을 할 시점을 놓친 채 가정을 꾸리고 아이를 낳아 키우며 살다 보면, 여러 이유로 꿈을 생각할 겨를 없이 살아가게 됩니다. 아예 꿈이 무엇인지 모른 채, 꿈에 도전하는 시간을 좀처럼 갖지 못한 채 무료하고 불행하게 살아가는 자신을 접하게 될 것입니다.

'꿈에 대한 질문이 생기지만 나는 꿈을 갖지 않기로 했어.' 이렇게 선택할 수도 있습니다. 하지만 자기가 선택하지 않고 사회적 여건 때문에 수동적인 삶을 산다면 불행을 선택한 것과 다름없습니다. 그래서 그 질문 앞에서 솔직하고 정직하게 답해야 합니다.

●●● 재미있고 의미 있게 살고 싶은가

일본 여행을 한 적이 있습니다. 일본에 왔으니 일본을 정복하자고 결심했습니다. 그런데 정복하는 기준이 문제였어요. 여행 가이드북 《저스트고》의 일본 여행지 '베스트 10'을 가보자는 목표를 세웠지요. 그중 한군데를 어렵사리 찾아가 보았습니다. 말도 안 통하는 상황에서 힘들게 찾아갔지만 도착하자마자 주변을 제대로 감상해 보지도 않고 '다음에 어디 가지?' 하고 새 목적지를 찾기 위해 책자를 펼쳤습니다. 섬뜩하지 않나요? 전형적인 성취주의자의 방식입니다. 현재를 조금도 누릴줄 모르고 항상 미래를 걱정하며 사는 방식이지요.

마이크임팩트를 통해 만난 많은 명사들의 강연에서 반복해서 듣는 얘기가 있습니다. "현재를 살라"는 메시지입니다. 뮤지션 요조 씨가 큰 감동을 준 강연이 "지금 아메리카노를 마시고 싶으면 마시라"는 거예요. 〈딴지일보〉 김어준 씨 또한 "지금 무언가 사고 싶으면 사라"고 얘기하고요. 그래서 저도 그렇게 살기 시작했습니다. 지금 먹고 싶으면 먹고, 지금 놀고 싶으면 놀고, 한동안 그렇게 살아 봤습니다. 그런데 그런 삶이 계속되니 살이 찌기 시작했습니다. 오늘 되게 열심히 놀았는데, 그 시간이 내게 무슨 의미로 남는지 좀 허무한 생각이 들기도 했습니다. 오늘 내 마음이 원한 대로 보낸 시간은 분명히 재밌었는데 말입니다. 이런 현실주의자의 삶은 재미만 있고 의미가 없습니다. 반대로 미래를 사는 성취주의자의 삶은 재미는 없고 의미만 있다고 할 수 있습니다.

그래서 건강한 균형이 필요합니다. 예를 들면 수영대회에 나가서 1등을 하기 위해 고된 훈련을 합니다. 그러면 지금 수영은 내게 재미는 없고 의미만 있는 운동입니다. 꿈과 미래, 즉 의미를 위해서 현재의 재미를 희생하고 있으니까요. 그런데 똑같은 수영을 하더라도 취미로 수영을 한다면 어떨까요? 대회 1등을 목표로 한 것보다 훨씬 많은 재미를 발견할 수 있습니다.

저는 수영대회 출전을 위해 수영을 하면서도 재미있게 할 수 있다고 생각합니다. 이는 자신의 온전한 선택의 영역에 달려 있습니다. 현재에서 재미를 찾고 미래에서 의미를 찾는 것이 건강한 균형입니다. 재미와 의미를 동시에 찾을 수 있고, 현재와 미래를 동시에 살 수 있으니까요. 그것이 제 삶의 철학이자 마이크임팩트의 이념입니다.

많은 분이 제게 질문합니다. 재미있고 의미 있는 일을 하다 보면 돈이 따라오냐고요. 그 의미라는 것은 '꿈'에서 시작됩니다. 꿈이 있을 때 오늘, 바로 지금 이 순간이 분명한 의미를 가집니다. 동시에 재미까지 있다면 일을 즐기면서도 탁월하게 잘해내기 위해 몰입할 수밖에 없습니다. 그로 인해 높은 수준의 결과물을 내게 됩니다. 그러면 자연스레 그 가치를 알아보고 인정하는 이들로부터 돈이 따라옵니다. 꿈이 없으면 대부분의 사람들이 그렇듯 그저 월급날을 기다리면서 의미 없는 오늘을 삽니다. 언제까지? 죽을 때까지 그렇습니다. 섬뜩하지 않나요? 슬프지 않나요?

오늘을 조금 더 의미 있게 살고 싶다면 꿈에 대한 질문 앞에서 정직하게 다시 생각해 봐야 합니다. 꿈을 가져야 할까요? 안 가져도 됩니다. 본인이 선택한 거라면 상관없습니다. 하지만 본인이 선택하지 않은 주변 환경에 의해 강요받은 거라면 다시 한번 그 질문에 답을 하고 선택을 해야 합니다.

●● 어떤 꿈이 진짜 꿈인가

어떤 꿈이 진짜 꿈일까요? 사실 꿈이 없어도 문제이지만 꿈이 너무 많아도 문제입니다. 꿈이 많은 이들은 이 꿈이 진짜가 아닐까 봐 불안해합니다. 내 꿈의 진위를 어떻게 알 수 있을까요?

우선 가슴이 뛰고 설렌다는 건 가장 많이 언급되는 증거입니다. 그런데 분명 처음에는 가슴이 뛰었는데 어느 순간부터 가슴이 뛰지 않는 경우도 있습니다. 저는 어릴 때 간절히 하고 싶은 게 만화책 대여점이었어요. 그리고 치킨집도 굉장히 하고 싶었고요. 어린 제게는 그 소망이 가슴을 뛰게 했습니다. 그런데 지금 그것에는 별로 가슴이 뛰지 않아요. 그럼 제가 예전에 가진 꿈은 가짜였을까요?

가슴 설레는 것이 내 꿈임을 알려 주는 대표적인 증거이긴 하지만 이처럼 잘못 알려 줄 수도 있고, 가슴 뛰는 곳으로 가는 게 위험할 수도 있습니다. 가슴이 설레는 게 오히려 섣부른 선택이며 나와 맞지 않는 결과로 이어질 수 있으니 유의해야 합니다.

●● 꿈에 '왜'라는 질문을 계속하는가

내게 이 꿈이 진짜인지 알 수 있는 첫 번째 방법은 그 꿈에 '왜'라는 질문을 계속하는 것입니다. 꿈에 대한 이유를, 그리고 그 이유에 대한 이유를 계속 묻는 거예요. 그 꿈의 이유를 끝까지 물어서 더 이상 물을 수 없는 답에 도달하면, 그 이유가 나의 이유인지 남의 이유인지 점검해 보세요. 마지막 그 이유가 나의 이유인지, 부모님의 이유인지, 친구들의 이유인지, 사회의 이유인지를 묻는 거죠. 그 이유가 정말 나의 이유라면 내 꿈이고, 남의 이유라면 남의 꿈인 거예요. 이런 집요한 이유에 대한 물음이 내 평생을 행복하게 하는 진정한 꿈인지 구별하는 방법입니다.

그런데 이렇게 '왜'냐고 꿈에 대한 이유를 집요하게 묻다 보면, 그 이유가 다른 사람의 이유인 경우가 굉장히 많습니다. 나의 자부심, 성취감, 행복, 만족감 등 남이 이해할 수 없는 나만의 이유에 조금도 근접하지 못하는 경우가 있습니다. 그 질문에서 나의 이유와 기쁨이 발견되어야 진짜 자신의 꿈이 됩니다. 내가 좋아하는 이유와 남이 좋아하는 이유가 있습니다. 남이 좋아하는 이유에 대해 내가 무시할 수 있고 내가 끝까지 추구하고 싶은 용기가 있다면, 내 꿈인 거예요. 예를 들어, 가수가 꿈이라고 해 보죠. 내가 좋아하는 이유는? 노래를 부르고 싶으니까. 남이 좋아하는 이유는? 인기와 돈이 생기니까. 그런데 이 질문에 남이 좋아하는 이유인 '인기와 돈'이 없어도 내가 하고 싶다는 데 1초의 망설임도 없다면 그건 진정한 내 꿈입니다. 그런데 망설여진다면 내 꿈이 아닌 거죠.

아이러니하게도 현재 대중이 가장 선망하는 곳이 가짜 꿈을 좇는 사람들이 몰려 있는 곳이기도 합니다. 지금 가장 잘나가는 곳을 목표로 삼고 있는 사람들을 보면 가짜 꿈인지도 모르고 좇는 경우가 많습니다. 지금 가장 인기 있는 직종이나 대기업의 2, 3년차 직원의 이직률이 높은 이유가 여기 있습니다. 다수의 사람들이 선망하며 좇는 곳을 무작정 따라갔기 때문이에요. 저도 예전에는 남이 좋아하는 이유를 근거로 자신이 좋아하는 것으로 모방하여 따라가는 사람이 멋있어 보였어요. 그런데 지금은 자기가 진정으로 좋아하는 일을 따라갔던 이들이 5-6년 꾸준히 경력을 쌓아 그 분야에서 입지를 다지고 만족해하며 사는 경우를 많이 보게 됩니다. 자신이 좋아하는 것을 깊이 성찰하여 찾은 꿈이 행복을 얻는 진정한 꿈입니다.

●● 끝이 아닌 시작이라 느껴지는가

두 번째 방법은 이 꿈을 위해 어디까지 포기할 수 있는지를 묻는 것입니다. "이걸 얼마나 하고 싶어?" 하고 물으면 "목숨을 걸 만큼 하고 싶어"라고 대답하는 사람이 많습니다. 그런데 이 역시 한때의 순간적인 감정일 수 있어요. 자신이 얼마나 하고 싶은지에 대한 생각은 감정의 시각이 아니라, 이 꿈을 위해서 어디까지 포기할 수 있는지 이성의 시각으로 바라봐야 합니다.

저 역시 창업을 하면서 생각해 봤어요. 내가 꿈을 위해 무엇을 포기해야 할까? 안정적 직장? 돈? 연애? 결혼? 꿈을 위해 이 정도까지는 포기할 수 있다는 생각이 들었어요. 그래서 더욱 꿈에 대한 진정성을 가지고 창업을 결심할 수 있었습니다. 그런데 꿈을 위해 높은 연봉을 포기할 수 없다, 안정적인 현재를 포기할 수 없다, 이러면 그건 가짜입니다. 자기가 꿈을 위해 포기해야 할 것, 포기할 수 있는 것을 이성적으로 헤아려 보고 도전했을 때 걸림돌과 장애물을 만나도 극복해낼 의지에 따라 꿈이 진짜인지 가짜인지 알 수 있습니다.

또한 꿈이 낳는 감정을 살펴보면 꿈의 진위를 알 수 있습니다. 진짜 꿈은 두려움을 낳습니다. 설레는 동시에 두려움과 괴로움을 느낍니다. 예전에 제게 히말라야는 멋진 자연 경관에 지나지 않았습니다. 저와는 아무 상관이 없는 높은 산이었지요. 그런데 히말라야 등반에 대한 꿈과 계획을 품고 나서 히말라야는 두려운 산이 되기 시작했습니다. 히말라야를 등반해 본 사람의 감정과 고통이 나의 감정과 고통으로 다가왔습니다. 그래서 그때부터 그 두려움을 이길 수 있는 현실적인 준비를 해나갔지요. 그 순간이 바로 제게 꿈이 현실이 되는 순간이었습니다.
꿈이 막연하게 느껴지고 두렵지 않다면 그 꿈은 백일몽입니다. 꿈을 생각했을 때 그로 인해 고통과 두려움이 엄습해 온다면 그것이 진짜 꿈이라고 생각합니다.

진짜 꿈에 대한 마지막 증거는 그 꿈을 달성했을 때 이제 끝이 아니라 시작이라는 느낌이 든다는 것입니다. 가짜 꿈의 대표적인 예가 대학입시입니다. 대학입시의 목표를 달성하는 순간, 갑자기 깊은 허무의 늪으로 빠져들고 맙니다. 대학생활의 시작이 아닌 대학입시의 끝이 되어

버렸기 때문입니다. 입사를 목표로 준비하다가 원하는 회사에 입사했어요. 마찬가지로 끝이라는 기분이 든다면 가짜 꿈을 향해 살아온 것입니다. 진짜 꿈은 그 꿈을 달성한 순간부터 이제 시작이라는 생각이 듭니다. 이제부터가 정말 본게임이다, 앞으로 흥미진진하겠네, 이런 생각이 진짜 꿈의 속성입니다. 꿈을 생각했을 때 '달성하면 끝인가, 아니면 시작인가?' 이 질문이 꿈의 진위를 판가름해 줍니다.

●● 어떻게 꿈을 찾을 수 있나

많은 사람이 꿈을 찾을 때 많이 생각하고 다양한 경험을 해 봐야 한다고 이야기합니다. 그러나 그전에 꿈을 찾는 데 기본적인 태도가 필요합니다. 꿈에 집착하면 안 된다는 것입니다. 꿈은 집착해서 찾아가는 게 아니라 오히려 꿈이 내게 찾아오게끔 해야 합니다. 보통은 꿈에 대해 생각할 때, 빨리 찾아야 한다고 생각하기 때문에 꿈이 없으면 죄책감이나 조급함이 생깁니다.

제가 명사들을 만나면 꼭 묻는 질문이 있습니다. "지금의 모습을 꿈꾸셨나요?" 열이면 열 모두 지금의 모습을 꿈꾸지 않았다고 답합니다. 현재의 자리에서 최선을 다하고 자신에게 다가오는 기회를 포착해 가다 보니, 어느 날 지금의 모습이 되었다고 말합니다. 사실 20대에 평생의 꿈을 찾는다는 것은 어불성설일 수 있습니다.

세계에서 가장 맛있는 음식을 찾아다니며 이것저것 먹다가 "어, 이게 맛있네, 내게 잘 맞네" 하는 것처럼, 그렇게 마음을 넓고 여유롭게 갖는 것이 꿈을 찾는 출발점이자 좋은 마음가짐입니다.

●● 서서히 드러나는 꿈의 방향

저는 어렸을 때부터 미디어나 콘텐츠 산업에서 일하고 싶다는 얘기를 많이 하고 다녔습니다. 저조차도 궁금하여 곰곰이 생각해 보았습니다. 그러다 제가 어렸을 때 KBS어린이합창단을 한 기억이 떠올랐습니다. 연습을 하고 녹화를 하는 과정이 어린 제게 힘들었지만 그 시간이 좋은 추억으로 남아 있습니다. 덕분에 무의식중 콘텐츠나 방송 환경을 좋아하게 된 것입니다. 어느 날부터 저도 모르게 미디어나 콘텐츠 산업에 대한 꿈을 이야기하게 되었습니다. 그때만 해도 미디어나 콘텐츠 산업이라는 말이 낯선 때였지만 저는 그 떨림의 순간을 기억한 것입니다.

저에게 창업은 이런 떨림의 순간에서 비롯되었습니다. 대학교 2학년 때 신입생들을 대상으로 한 강연에서 느낀 그 짜릿한 희열은 그 무엇과도 대체할 수 없는 기쁨이었습니다. 누구나 인생에 그런 기쁨의 순간이 있을 것입니다.

대학을 졸업하고 컨설팅 회사에 지원했을 때 "컨설팅 회사에 들어가는 게 내 꿈이야" 하고 입사한 건 아니었습니다. 친구들과 밤새 토론하고 팀 과제를 치열하게 준비하고, 프레젠테이션하는 게 좋았습니다. 그래서 내가 좋아하는 것과 연계해서 할 수 있는 일이 무엇일까 찾아보다가 컨설팅이 보였고 그 일을 하게 된 것이지요. 돌아보면 꿈이 무엇인지 정리한 뒤에 인생이 열리는 게 아니었습니다. 가슴 떨리는 순간을 포착해 놓고 그것을 기록하는 것으로 꿈의 방향성이 드러나더군요.

나의 마지막 꿈이 이것이라면, 한 번에 그 꿈에 답을 내릴 수는 없을 겁니다. 그 대신 가슴이 떨리는 순간, 그 순간들을 차곡차곡 쌓아 가다 보면 내가 이런 방향을 원하고 있었다는 그림이 나옵니다. 과연 가슴이 떨리는 희열의 순간이 언제인지 돌아보세요. 과거로 거슬러 올라가 그 순간들을 기록하고 그것이 앞으로 어떤 순간과 만나게 될지 상상해 보는 것이지요. 분명히 꿈으로 뻗은 징검다리가 보일 것입니다.

그런데 그 떨림의 순간도 없는 이들이 있습니다. 이런 사람은 호불호를 명확하게 하는 연습을 해야 합니다. 감성적인 사람들, 가슴이 쉽게 떨리는 사람들이 상대적으로 자기 꿈을 쉽고 명확하게 찾습니다. 그러니 자신의 호불호를 명확하게 표현해야 합니다. 동시에 다양한 경험을 하다 보면 꿈을 만날 확률이 높아집니다. 이것저것 많이 경험하다 보면 가슴이 떨리는 순간을 자주 접하게 되니까요.

그런데 여기서 다양한 경험은 쓸데없는 경험이어야 해요. 왜 하는지 모르는 쓸데없는 짓 말입니다. 꿈과 연결시켜서 미래를 위해 쓸모 있는 일만 고려해서 선택하는 일이 아니어야 한다는 것이지요. 제가 말했던 KBS어린이합창단이 대표적인 쓸데없는 경험이에요. 또 2학년 때 새내기를 대상으로 대학 생활에 대해 강연했던 것도 당시에는 학점, 스펙과 무관한 쓸데없는 경험이었지요. 누군가 보기에는 쓸데없어도 다양한 경험을 하다 보면 가슴 떨리는 순간과 만나는 접촉면이 늘어납니다. 그래서 감성적인 사람과 다양한 경험을 하는 사람일수록 진정한 자기 꿈을 만날 확률이 높을 수밖에 없습니다.

자기가 어떤 모습이 될지에 대한 큰 그림을 그리는 것은 중요합니다. 하지만 매순간을 꿈과 연결시켜 생각하면 답답할 수 있습니다. 저는 '저 사람처럼 되고 싶다'는 생각이 드는 분의 사진을 캡처해서 휴대폰에 저장해 두는 습관이 있습니다. 그 사진들을 보고 있으면 제 꿈에 대한 그림을 구체적으로 그려가는 데 도움이 됩니다.

한번은《카네기 인간관계론》을 읽고 데일 카네기 Dale Carnegie 에 대해 관심을 갖게 되었습니다. 이 사람이 정리한 이론들을 살펴보고, 세상에 기여한 일들을 알아 가다 보니까 '카네기 같은 사람이 되고 싶다'는 생각이 들었습니다. 이처럼 제가 닮고 싶은 인물들을 모으다 보니 제 꿈의 방향이 조금씩 명확해졌습니다. 무엇을 하고 싶은지 명확하지 않을 때는 가슴 떨리는 순간을 기록해 놓거나, 내가 닮고 싶은 사람에 대한 정보를 모아 두는 것이 좋습니다. 이런 노력이 내 꿈의 나침반을 공급하고 방향성을 부여합니다.

우리는 사회 변화 속도가 점점 빨라져서 3년 뒤, 5년 뒤를 예측하기 어려운 시대에 살고 있습니다. 스무 살에는 무엇을 해야 하고, 서른 살에는 무엇을 해야 하는지를 정하는 게 어불성설일 수 있습니다. 꿈을 구체적으로 정하기보다 방향성을 가지면 자신이 무엇에 가치를 두고 어디를 향해야 할지 판단할 수 있고 한걸음씩 앞으로 나아갈 수 있습니다. 가슴 떨리는 순간들과 내가 닮고 싶은 모습들을 기록하고 그 점을 잇다 보면 자신만의 꿈을 찾을 수 있을 것입니다.

꿈을 어떻게 이룰 수 있을까요? 꿈을 이루는 데 무엇이 필요할지 고민이 많을 겁니다. 꿈을 이루는 데 어떤 조건이 필요한가? 상황이 움직여주어야 하는가? 도움이나 배경이 필요한가? 저는 꿈을 이루는 데 가장먼저 필요한 건 자급자족할 수 있는 환경, 즉 굶지 않을 환경을 갖추는것이라고 생각합니다. 먹고사는 문제는 꿈을 포기하는 가장 큰 핑계이자 변명거리거든요. 자급자족할 수 있으면 자신의 꿈을 향해 무리 없이나아갈 수 있습니다.

우리가 기본 생활을 영위하는 데 얼마가 들까요? 한 달에 100만 원? 대학생들 한 달 용돈이 얼마나 되지요? 주택비, 생활비 다 합치면 저마다의 필요 액수가 나올 거예요. 각자 내 한 몸 먹고사는 데 드는 최소 비용을 계산해 보세요. 생각보다 액수가 크지 않을 겁니다. 그리고 내 꿈을 좇아도 그 돈을 벌 수 있을지 따져 보세요. 벌 수 있을 거 같다고 하면 과감하게 꿈을 좇고, 아니면 꿈을 포기하거나 다른 대안을 찾아야겠죠. 그래서 어른이 될수록 꿈을 좇기 힘듭니다. 책임져야 할 대상이 많아지고 먹고사는 데 드는 비용이 증가하기 때문이지요.

어른들이 이런 말씀 많이 합니다. 너희 세대는 한 번이라도 돈이 없어서 굶어봤냐? 가족을 먹여 살리기 위해 피땀 흘려 일해 봤냐? 이는관점을 달리하면 우리 청춘 세대는 돈이 없어서 굶는 세대가 아니고, 가족을 먹여 살리기 위해 전적으로 책임지고 일하는 세대도 아니기 때문에 내 한 몸 먹고 사는 데 대한 부담이 상대적으로 적다는 말입니다. 이 말은 우리가 꿈을 향해 나아갈 수 있는 현실적 자유가 과거에 비해 좀 더 주어져 있다는 뜻이기도 합니다. 이렇게 현실적인 여건을 명확하게 정의하고 이를 해결할 수 있는 구체적인 방법에 대해 생각하면 꿈을 향해 나아갈 용기가 생깁니다.

●● 꿈을 향해 무엇을 하고 있는가

사실 많은 분이 꿈을 어떻게 이룰 수 있는지, 그 방법에 대해 질문합니다. 그런데 이 질문은 좋은 질문이 아닙니다. 좋은 질문은 꿈을 어떻게 이룰지가 아니라 "내 꿈이 진짜일까?"에 있습니다. 꿈이 진짜라면 조건과 상황 등을 가리지 않고 자신의 모든 걸 걸고 달려들게 됩니다. 방법이 보이지 않아도 방법을 적극적으로 찾게 되지요.

그래서 누군가가 꿈이 있는데, 꿈을 위해 아무것도 하고 있지 않다면 그 꿈은 가짜입니다. 우리가 첫눈에 사랑에 빠졌을 때를 떠올려 보세요. 어떤 사람이 마음에 들어왔을 때 그 사람 집 앞에서 몇 시간이고 무작정 기다려 본 경험이 있을 겁니다. 처음 사랑을 꼭 이뤄 보고 싶은 그 마음처럼 내게 강렬한 진짜 꿈이 생기면 앞뒤 안 가리고 어떻게든 이뤄 보려고 할 것입니다. 그래서 방법이 없다, 상황이 안 된다, 이런 이유 때문에 꿈을 향해 아무것도 하지 않는다면 그 꿈은 진짜가 아닌 것입니다.

물론, 앞뒤 안 가리고 덤볐다가 조건이나 상황이 맞지 않아서 포기하는 경우도 있습니다. 그래도 그 꿈은 의미가 있습니다. 어떻게든 한 발짝 더 다가갔거나 더 나은 꿈을 발견하는 디딤돌이 되었을 테니까요.

어떻게 꿈을 이룰 수 있는지 생각하는 것보다 내가 이 꿈을 더욱 진실하게 만들 방법을 구하고, 더욱 사랑해 가는 질문을 던지면 꿈은 자연스럽게 이루어질 거라고 확신합니다. 그래서 내가 어떻게 이 꿈을 사랑할 것인지, 어떻게 진실한 태도로 접근해 갈 것인지가 중요합니다.

●● 꿈과 어떻게 사랑에 빠질 것인가

꿈과 진실한 사랑에 빠지기 위해서 그 꿈이 이루어진 모습을 상상해 보는 방법이 있습니다. 그 꿈이 이루어지면 얼마나 좋을까? 가족들이 얼마나 좋아할까? 세상이 얼마나 좋아질까? 이런 상상을 해 보는 것입니다.

저는 모든 사람이 강연자가 되었으면 좋겠다는 꿈을 품었고, 그 꿈을 이루면 우리 사회에 선한 메시지가 활발하게 공유되어 사회적 자본이 순환될 거라는 상상을 했습니다.

상상이 의지보다 훨씬 강하다는 것을 몸소 체험했습니다. 꿈에 대한 상상을 계속하면 좋은 감정이 생기고 그래서 꿈을 사랑하게 되거든요. 꿈을 향한 사랑이 깊고 강해지면 누가 말려도 하게 됩니다.

우리 사회에는 자신이 꿈꾸는 무언가를 이루기 위해서는 조금만 자고 사람 만나는 시간도 줄이고 자기 욕구를 희생해야 한다는 의식이 만연해 있습니다. 그렇지만 저는 이러한 금욕적 의지는 지속 가능한 힘을 만들지 못한다고 생각합니다. 저는 마이크임팩트 멤버들에게 동기부여를 할 때 우리의 꿈을 생생하게 그리도록 합니다. 그러고 나면 우리 모두가 그 꿈을 통해 행복해지는 생각을 품고, 사랑하게 되고, 꼭 이루고 싶은 동력이 생깁니다.

●● 전심전력을 다하면 이루어지는가

그러면 꿈을 정말 사랑해서 전심전력을 다하면 실제로 이루어질까요? 이상한 이야기일지 모르지만 진인사대천명盡人事待天命, 즉 해야 할 일을 다 하고 하늘의 뜻을 기다리다 보면 하늘이 도와주는 걸 목격할 수 있습니다. 자신의 일을 성실히 하는 사람에게 하늘이 길을 열어 줍니다.

마이크임팩트 〈청춘페스티벌〉이 사회적 이슈 때문에 일정이 미뤄진 일이 있습니다. 당시에는 어떻게 이런 일이 생길까 낙심이 되었죠. 그런데 우리가 예정했던 날에 뜻밖에도 비가 오더라고요. 그날 〈청춘페스티벌〉을 진행했으면 큰일을 겪을 뻔했습니다. 어느 해에는 10월에 했는데 그날도 일기예보에 비 소식이 있었습니다. 야외에서 하는 행사라 날씨가 안 도와주면 낭패입니다. 그런데 당일 아침 일기예보는 서울 경기 지역만 비가 오지 않는다는 거예요. 추울까 봐 걱정했는데, 감사하게도 그 달 중에 가장 따뜻한 날이어서 〈청춘페스티벌〉을 성공적으로 마칠 수 있었습니다. 저는 순수한 사랑과 열정에는 하늘이 돕는다는 것을 경험했습니다. 말도 안 되는 기적 같은 일이 실제로 일어납니다.

꿈을 이루는 또 하나의 방법은 계속 이야기하는 거예요. 친구들이 비웃더라도 말이죠. 인터뷰에서 저는 누구를 만나고 싶냐는 질문을 많이 받았습니다. 그때마다 대학 시절 영향을 많이 받은 작가 알랭 드 보통Alain de Botton을 만나고 싶다고 계속 이야기했습니다. 그러던 중 2013년 11월에 제가 알랭 드 보통의 자택에 찾아가서 인터뷰를 진행했고, 그랜드 마스터 클래스 2015에 초빙해서 "왜 우리는 불안한가"라는 그의 강연을 직접 곁에서 들을 수 있었습니다. 이루기 쉽지 않은 소망을 계속 이야기하다가 결국 현실이 된 것을 목도한 것입니다.

마이크임팩트 창업 당시 같이 시작했다가 각자의 길로 간 친구 중에 다시 함께 일하게 된 친구가 있습니다. 어느 날 그 친구가 "지금 우리가 하고 있는 일들 모두 처음에 네가 이야기했던 거야"라고 말하더군요. 돌아보니 제가 끊임없이 이야기해 온 꿈들이 결국 이루어져 있었습니다.

꿈을 이루는 방법에는 여러 가지 현실적인 고려도 분명히 해야 합니다. 하지만 내가 이루고 싶은 진정한 꿈이고 그 꿈을 진실하게 사랑하면 당연히 전심전력을 다하고, 하늘이 도와주는 걸 느끼게 될 것입니다. 주변 사람들이 비웃어도 나만의 꿈을 계속 이야기하세요. 곧 그 꿈이 이루어지는 순간을 만나게 될 것입니다.

●●● 꿈을 이루지 못하면 어떻게 하나

꿈을 못 이루면 어떻게 해야 할까, 이런 불안과 걱정이 많죠? 꿈을 못 이루면 엄청난 좌절과 실망감이 옵니다. 당연합니다. 하지만 그걸 받아들이세요. 그 좌절의 마음을 감싸 주세요. 그런 감정은 자연스레 생기는 것이니, 조절해서 수용할 필요가 있습니다. 꿈을 단기적으로만 보면 더 큰 좌절과 실망을 얻을 수밖에 없습니다. 꿈을 장기 레이스의 관점에서 보면 순간순간의 좌절과 실망은 삶을 전환시킬 지점으로 해석할 수 있습니다.

동헌이라는 제 이름은 동쪽의 법이 되라는 뜻에서 조부모님이 지어주셨습니다. 그런데 법대는 떨어지고 경영대에 진학했습니다. 실패였죠. 하지만 저는 법대를 가지 않은 것이 다행이라고 생각합니다. 법대보다 경영대가 훨씬 잘 맞았거든요.

성공한 사람의 인생사에는 굴곡 많은 그래프가 있습니다. 혹시 주식 투자해 보셨어요? 주식에서 앞으로 오를 주를 사는 가장 좋은 방법은 지금 떨어지는 주를 사는 거예요. 분명히 다시 오를 거니까요. 인생도 마찬가지입니다. 실패 앞에서 재기할 수 있다는 믿음이 필요해요. 떨어진 주식이 다시 오르지 못하고 기업이 망하는 경우도 있습니다만, 한 사람의 인생을 기록한 회고록을 보면 그렇지 않습니다. 사람의 인생은 계속 떨어져서 휴지조각이 되는 주식처럼 계속 망가지지는 않습니다. 아무리 엄청난 실패라고 해도 다시 재기할 수 있습니다. 꿈이 있어 도전을 멈추지 않을 때 그러합니다. 인생은 굴곡 있는 그래프의 연속입니다. 그래서 실패도 자산으로 받아들일 수 있습니다.

●● 실패를 긍정적으로 받아들이나

긍정적인 사람들의 대표적인 사고는, 삶을 한 권의 소설책에 비유했을 때 해피엔딩으로 끝난다고 확신하는 것입니다. 그런데 소설이 재미있으려면 구성에 드라마틱한 굴곡이 굉장히 많아야 합니다. 삶이 탄탄대로였던 분들의 강의에서는 재미도 메시지도 얻지 못합니다. 그런데 삶이 롤러코스터처럼 굴곡이 많은 분들의 이야기는 재미있을 뿐 아니라 메시지의 울림도 큽니다. 그러니 자신이 롤러코스터와 같은 인생을 살고 있다면 '이건 정말 내 인생의 좋은 스토리 구성의 기회구나' 하고 생각할 수 있습니다. 더구나 실패와 좌절은 타인을 위로하는 재료일 뿐만 아니라 자기 꿈에 가장 빨리 다가갈 수 있는 방법이기도 합니다.

우리 인생에는 마치 '실패 총량의 법칙'이란 게 있는 것 같습니다. 한 사람이 경험할 수 있는 실패의 총량이 정해져 있어서, 어느 정도 실패의 양이 채워지면 성공하게 된다는 법칙이지요. 가능한 한 빨리 그리고 자주 실패하는 것, 이것이 자기 꿈에 빠르게 도달하는 방법이기도 합니다.

인생의 경주는 직선 코스를 달리는 것이 아니라 정글짐jungle gym을 오르는 것과 같습니다. 삶의 각 지점들이 당장은 어떤 의미가 있는지 알 수 없지만, 인생 전체를 놓고 봤을 때 정상으로 연결되는 수많은 길 가운데 하나가 될 수 있습니다. 어떤 점을 찍을 때 내가 꿈에서 한 발짝 더 멀어졌다고 생각할 수 있습니다. 하지만 오히려 그 점이 꿈에 한 발짝 더 다가갈 수 있는 길이 된다고 생각하면 그 실패의 순간을 좀 더 긍정적으로 받아들일 수 있을 것입니다.

●●● 어떤 꿈이 좋은 꿈인가

꿈에 대한 일곱 가지 질문 중 마지막 질문입니다. 어떤 꿈이 좋은 꿈일까요? 부와 명예를 소유하는 것, 드림카를 몰고 싶다, 이런 꿈이 좋을까요? 100억 원을 벌고 싶다, 부자가 되고 싶다, 이런 꿈은 어떤가요? 돈이나 명예를 좇는 건 세속적인 꿈처럼 느껴지죠. 하지만 우리가 생각하는 꿈은 모두 가치중립적입니다. 좋다 나쁘다 이야기할 수 없다고 생각합니다.

하지만 그 꿈이 나빠지는 순간이 있어요. 자기가 어떤 꿈을 꾸고 있는데 그 꿈에 대한 대가를 치르지 않으려고 하는 것, 그것은 욕심입니다. 대표적으로 '리플리 증후군'Ripley syndrome 이 있어요. 명문대에 가는 것이 꿈이었는데 자신의 노력으로 이루지 못하니, 여러 명문대학교를 전전하면서 가짜 대학생으로 살아가는 유형이죠. 꿈은 가치중립적이고 처음부터 나쁜 꿈은 없지만 그것이 나쁜 꿈으로 변질되는 순간이 그러합니다.

그렇다면 그 꿈을 좋은 꿈으로 승화시키도록 가꾸는 노력이 필요할 것입니다. 저는 좋은 꿈 나쁜 꿈은 말할 수 없지만 바람직한 꿈은 있다고 생각합니다. 구태의연할 수 있지만, 제가 생각하는 바람직한 꿈은 '큰 꿈'이에요. '큰 꿈'은 간단히 말해 자신의 능력으로 이룰 수 없을 것처럼 느껴지는 꿈입니다. 김연아 선수가 〈무릎팍도사〉에 출연해서 올림픽 첫날 경기가 끝나고 나니 올림픽 별거 아니라는 생각이 들었다고 하더군요. 물론 올림픽은 선수들에게 심리적 부담이 큰 스포츠 경기입니다. 하지만 본인이 상상했던 것만큼은 아니었다고 말합니다. 즉 불가능하다고 생각한 꿈도 쟁취하고 나면, 생각만큼 어려운 게 아니었다는 걸 깨닫게 됩니다.

● ● 도전할 가치가 있는 큰 꿈을 꾸는가

가끔 대학생들이 제게 어떻게 창업을 했냐고 묻습니다. 그럼 전 "음, 그냥 했는데" 하고 말합니다. 어렵지 않았냐고 다시 묻습니다. 그럼 전 또 "응, 뭐 그렇긴 한데 그냥 했어" 하고 말해요. 실제로 그랬습니다. 우리가 보통 이루기 어렵다고 생각하는 꿈도 어찌 보면 별로 어렵지 않은 거예요. 저는 어쩌면 큰 꿈이 더 이루기 쉽다고 생각해요. 사람들이 너무 큰 꿈이라고 생각해서 도전을 안 하기 때문에 꿈꿔 볼 가치가 있습니다.

제가 대학교 3학년 때 과 학우들 대부분이 공인회계사 공부에 열중했습니다. 친구들에게 왜 그 공부를 하냐고 물어보면 한결같이 "될 것 같아서"라고 하더군요. 이해할 수가 없었어요. '똑똑한 친구들이 단체로 달려들어 경쟁하는데, 이게 쉽다고?' 말이 안 되잖아요. 그래서 저는 1년에 몇 명 안 뽑는 컨설팅 회사에 도전했어요. 저한테는 오히려 쉽게 다가왔거든요. 제가 공인회계사에 도전했으면 아마 떨어졌을 거예요.

일단 큰 꿈을 갖게 되면 혁신적인 생각을 하게 됩니다. 쉽게 달성할 수 있는 꿈에는 평범한 성취 방법을 택하지만, 엄청난 꿈을 좇을 때는 오히려 모든 창의력과 감각을 풀가동하게 되죠. 아드레날린이 대량 방출되고 투지가 샘솟습니다. 꿈에 다가가려는 열정이 불붙듯 일어나죠. 허황된 꿈, 도무지 불가능한 꿈이 아닙니다.

마이크임팩트의 첫 강연프로젝트에 도전할 때, 장소를 물색하다가 100명 규모의 홀을 대관할 수도 있었지만 1만 명 정도가 수용 가능한 고려대학교 화정체육관을 선택했습니다. 대관료 1,000만 원에 부가세

별도였어요. 그냥 지른 것이죠. 가슴 떨리는 큰 꿈을 꾸게 되니 앞뒤 가리지 않고 열심히 준비했고, 최종적으로 5천 명의 청춘들이 참여하고 화제가 되면서 성공적인 결과를 도출해냈습니다. 그런데 말도 안 되는 이러한 도전과 결정이 마이크임팩트의 성공 시점을 크게 앞당겼습니다. 무모한 첫 결정이었지만, 그것이 가장 탁월한 의사 결정으로 기록됐습니다. 큰 꿈을 꾸면 더 쉽게 달성할 수 있다는 것이 이런 의미입니다.

●● 꿈의 방향이 어떠한가

제가 여러 꿈을 세우고 경험해 가면서 얻은 바람직한 꿈의 방향이 있습니다. 어른이 되면 많은 사람이 자신과 가족이 행복했으면 좋겠다는 꿈을 갖습니다. 그런데 대부분의 사람이 큰 꿈을 꾸면 상대적으로 소박해 보이는 꿈은 희생해야 한다고 생각합니다. 하지만 세상을 향한 더 큰 꿈은 다른 꿈의 희생을 강요하는 게 아니라 오히려 다른 꿈을 더 쉽게 달성시켜 줍니다.

저는 마이크임팩트를 시작하면서 이런 식의 꿈을 가지고 이런 식의 일을 하고 싶다는 등의 이야기를 많이 하고 다녔습니다. 그때의 이야기입니다. 창업 초기에 동료들과 커피 전문점을 전전하면서 일을 했습니다. 하루 종일 커피숍 매장에 앉아 있으면 엉덩이가 몹시 아픕니다. 커피도 너무 많이 마시면 사약같이 느껴지고요. 그런데 세상을 위한 꿈을 꾸면 기적처럼 놀라운 일이 생긴다는 것을 경험했습니다. 어느 날 우리의 일을 가치 있게 이해한 분이 도움을 주기 위해, "당신들 필요한 게 뭔가요?" 하고 물으셨습니다. 저는 한 치의 망설임도 없이 사무실이 필요하다고 했습니다. 그분은 40평 정도 되는 공간을 1년간 무상으로 임대해 주겠다고 하셨습니다. 만약 우리가 세상을 가치 있게 바꾸고자 하는 꿈을 꾸지 않았다면 이런 기적 같은 일은 일어나지 않았을 것입니다. 그렇게 우리가 하는 일이 점차 알려지면서 도와주겠다는 키다리 아저씨들이 늘어났습니다. 마이크임팩트가 가치와 의미를 두고 나아가면서 이처럼 기적이 일어나기 시작했습니다.

사실 자기 자신을 위한 꿈을 갖고 있더라도, 조금만 다른 각도에서 해석하면 그게 곧 세상을 위한 꿈이 될 수 있습니다. 시선을 사회적으로 조금 확대하는 거예요. 동시대의 삶에 변화를 만들고 싶다면, 곧 나를 넘어서 세상을 향한 꿈이 될 수 있습니다. 성공한 이들의 삶을 보면 직업에서 엄청난 성공을 이루죠. 상상할 수 없는 큰 돈을 벌어들입니다. 이런 분들이 사업에 성공한 뒤에 하는 일이 뭘까요? 빌 게이츠Bill Gates, 워런 버핏Warren Buffett 과 같은 이들은 자기 자본으로 사회 공헌에 집중했습니다. 저는 사회 공헌이라기보다는 인생의 진화 단계로 봅니다. 그렇다면 왜 그 꿈을 창업 초기부터 가지면 안 될까, 하는 생각이 들었습니다. 지금부터 그런 꿈을 갖기 시작하면 되지 않을까요? 개인적인 꿈이라고 해도 사회 전체가 유익한 쪽으로 해석할 수 있으며, 사회적 기업이 좋은 결과를 얻는 사례도 늘고 있습니다.

결국 큰 꿈, 나보다 세상을 위하는 꿈을 지금부터 가지면 기적을 만나게 될 거예요. 인생을 살다 보면 나 개인의 꿈은 필연적으로 작아지게 됩니다. 사회에 적응해 가면서 꿈이 무엇인지 잊고 관성적으로 살게 됩니다. 하지만 그렇다고 실패한 인생은 아니에요. 자본주의의 노예가 되지 말고, 세상에 끌려 다니지 않고, 자신의 생각으로 인생과 꿈을 다시 정의할 수 있습니다. 그렇게 꿈을 다시 정의하다 보면 나 자신의 꿈에 접근해 갈 수 있습니다.

●● 돈키호테의 '이룰 수 없는 꿈'

이룰 수 없는 꿈을 꾸고

이루어질 수 없는 사랑을 하고

이길 수 없는 적과 싸움을 하고

견딜 수 없는 고통을 견디며

잡을 수 없는 저 하늘의 별을 잡자!

세르반테스^{Saavedra Miguel de Cervantes}의 《돈키호테》 중 꿈과 관련된 내용입니다. 굉장히 유명한 구절이지요. 이 뒤에 다음 문구가 나옵니다.

누가 미친 거요?

장차 이룩할 수 있는 세상을 상상하는 내가 미친 거요?

아니면 세상을 있는 그대로만 보는 사람이 미친 거요?

돈키호테의 이 말을 들어 보셨을 겁니다. 한국 사회에서 꿈을 이야기하면 "비정상이네" "현실을 모르네" "미쳤네" 이런 이야기를 듣습니다. 저도 그랬어요. 제가 꿈을 말하면, 가장 먼저 이런 이야기를 하신 분이 어머니였습니다. 가장 가까운 분은 걱정이 앞서기 때문에 비관적으로 말씀하시죠. 그러나 꿈을 갖는 것은 미친 게 아닙니다. 꿈을 갖고, 그 꿈을 향해 나아가고, 세상을 바꾸려는 꿈을 꾸는 것은 정상이라는 확신을 가져야 합니다. 참된 꿈을 가진 자만이 세상을 바꿀 수 있습니다.

Q&A 1
주변의 반대는 오히려 꿈을 증명하는 기회

저는 지금 청소년을 상담하는 일을 하고 있어요. 아이들이 원하는 꿈과

부모님이 원하는 꿈이 대치되는 경우가 많습니다. 어떤 얘기를 들려줘야

할까요?

꿈을 이루는 첫 번째 난관인 것 같아요. 부모님이 자신의 꿈에 난관

처럼 가로막으시는 경우가 많아요. 어찌 보면 잔인한 이야기일 수

있는데, 부모님 뜻에 순종하고 내 뜻을 꺾게 되면 그 꿈은 애초에 진

짜가 아니었거나 용기가 없거나, 둘 중 하나입니다.

결혼에 비유했을 때 부모님이 반대해서 포기하면 진심으로 사랑한

다고 말하기 어려운 것 아닐까요? 오히려 그런 어려움은 자신의 꿈

이 진짜인지 아닌지를 가늠할 수 있는 기회라고 생각해요. 그런데

청소년들은 부모님을 설득할 논리나 반대할 힘이 없죠. 그럴 때는

연기를 하는 것도 좋아요.

일단은 들어드리는 반응이 지혜롭습니다. 외부에서 강요하는 꿈보

다 내부에서 끓어오르는 꿈에 반응하는 청소년들은 자신의 미래를

결정지을 신중한 판단 능력과 경험을 갖추지는 못한 상태입니다.

당장은 자신이 진정으로 원하는 꿈을 찾기가 어렵습니다. 그래서

자신이 꿈을 찾아가는 수많은 과정이 있음을 인정하고 배우려는 자

세를 갖도록 하는 게 중요합니다. 지금은 부모와 적절히 대화해 가며 진실한 꿈을 찾도록 도와주는 게 필요한 것 같네요.

Q&A 2
강연은 지루하고 재미없다는 편견을 비틀다

청춘

저는 환경 문제에 대한 강의를 하고 있는데, 사람들은 환경에 그다지 큰 관심은 없는 것 같아요. 그러다 보니 교육하는 데 어려움이 있습니다. 마이크임팩트는 국내 첫 강연 기업이라고 알고 있는데요. 강연 사업이 사람들의 호응에 많이 의존하는 만큼 많은 어려움이 있었을 것 같습니다. 어떻게 해결해 오셨는지 궁금합니다.

동헌

방금 질문하신 분처럼 진짜 꿈을 향해 가는 사람의 질문은 이렇게 구체적으로 진화해 있습니다. 이루고 싶은 게 있고, 그것을 향해 달려가는 데 이런저런 어려움에 부딪치고 어떻게 해결해야 할까 고민하게 됩니다. 제가 창업할 때 가장 큰 고민은 강연에 대한 선입견을 바꾸는 것이었어요. 대중에게 강연은 지루하고 재미없다는 통념이 깊게 뿌리 박혀 있어 이 부분을 해결하는 것이 관건이었습니다.

창업하기 전에 어떤 강연에 참석했다가 몹시 놀란 적이 있어요. 강연이 시작되자마자 참석자들이 엎드리는 거예요. 강연이 재미있고 없고는 별로 중요하지 않고, 아예 듣지도 않고 관심을 거두는 분위기였죠. 어차피 졸릴 거라고 확신하고 있었어요.

이때 필요한 것이 혁신의 포인트입니다. 우리는 이 강력한 편견을 비틀기로 했어요. 음악과 함께하는 축제, 파티, 연극과 같이 재밌는 요소를 결합해 흥미롭게 바꾸면 어떨까 생각한 거죠. 그래서 재미있고, 즐겁고, 함께 즐길 수 있는 강연을 기획했습니다. 개성 있는 분을 접목하는 기획을 추진해서 기대 이상의 결과를 얻었습니다.

환경이라는 소재도 사람들이 선입견을 갖고 있는 분야라고 생각해요. 그런 부분을 비틀어서 색다른 요소와의 이종교배를 통해 혁신하는 방법으로 돌파구를 찾으면 어떨까요? 환경 주제는 흥미로우면서 가치 있는 일상의 이야기로 다가오는 요소가 많으니까요. 〈남극의 눈물〉과 〈아마존의 눈물〉은 아주 잘된 결과물이지만 초기 기획에서는 많은 고민과 장벽이 있었을 것입니다. 이런 고민은 굉장히 유용해요. 드러나는 현상 때문에 좌절하지 않으셨으면 합니다.

Q&A 3
현재에 충실하면서 다른 꿈을 생각하다

청춘

저는 대학 신입생입니다. 원래 하고 싶은 꿈이 있었는데, 전혀 다른 학과를 전공하게 되었어요. 꿈이 흔들린다고 해야 하나, 그런 생각이 들어요.

동헌

결국 스스로 인생의 주인이 누구인가 하는 고민에서 해결해야 합니다. 자신이 현재 가고 있는 길을 멈추고 다시 생각하고 선택해야만 인생의 주인이 될 수 있습니다. 지금 내가 하고 싶은 것이 무엇인지 선택하고 방향을 새로 잡는 것을 통해 진정한 자기의 꿈을 실현하는 환경에 들어가게 됩니다. 지금 하고 있는 전공에 대해 생각해 보고 그에 대한 반작용으로 다른 것도 생각해 볼 수 있는 거죠.

여기에서 주의해야 할 부분이 있어요. 직장도 전공학과도 구심력과 원심력이 있어요. 이 전공이 단순히 싫어져서 다른 과를 찾자고 생각하고 핑계를 대는 것은 아닌지 살펴봐야 합니다. 그런데 '지금 내 전공 공부를 잘하는 편이고 내게 괜찮은 공부지만, 저 분야에 관심이 생겼어. 이 기득권을 포기해야 저기에 갈 수 있어.' 이런 기로에서 현재 내 유익을 내려놓고 새로운 길을 선택할 용기가 있다면 진짜 꿈일 수 있다고 생각해요.

직장도 마찬가지예요. 이 직장이 너무 싫어서 다른 일을 찾는다? 이건 잘못된 선택이 될 수 있습니다. 그 일이 진짜 좋아서 그 분야로 가야 하거든요. 학과나 직장이 끔찍하게 재미없는 지옥의 하루하루인가요? 본인이 노력한다면 재미를 찾을 수 있을 겁니다. 하지만 모든 노력에도 불구하고 지금 내 자리와는 다른 꿈이 내 마음을 계속 두드린다면 그건 진짜 행동해 봐야 하는 꿈일 수 있다고 생각해요. 현재 학과에 충실하게 견뎌 보면서 다른 쪽에서 끌어당기는 힘에 대해 생각해 보는 게 현명합니다.

Q&A 4
독서, 여행, 영어, 연애를 종교처럼

청춘

성공한 사람의 일화나 이야기가 나중에 미화되어서 평범한 사람을 망친다는 이야기를 들은 적 있어요. 오늘 속는 셈 치고 여쭤 보고 싶은데요. 제 옆에 있는 애들이 고려대 경영학과 13학번 동생들이거든요. 꿈에 대해 고민이 많아서 여기 데려왔는데, 만약에 대표님이 12년 전으로 돌아가서 이거 하나만큼은 바꿀 수 있다, 하면 바꾸고 싶은 게 무엇인지 궁금해요.

동헌

12년 전으로 돌아가서요? '어른들 말이 맞다'는 말이 있잖아요? 사실 대학교 때 꿈을 탐구하고 찾아보는 건 요원하다고 생각해요. 계속 바뀔 가능성이 있기 때문이죠. 구태의연한 조언일 수 있지만 대학 때 꼭 해야 할 몇 가지가 있습니다. 독서, 여행, 영어, 연애 등이죠. 이런 건 의심하지 말고 많이 해 보는 게 좋아요. 그냥 제한 없이 부딪쳐 보는 거예요. 연애도 깊은 절망과 환희를 오가며 많이 해 보고, 책도 가리지 않고 많이 읽고, 영어도 마스터하고, 여행도 막 다니는 거죠. 미친 듯이 달려들 필요가 있습니다. 그러다 보면 꿈은 자연스럽게 생기거든요.

저는 지금처럼 당시에 전폭적으로 확신을 갖고 실천하지는 못했어요. 독서, 여행, 영어, 연애는 종교처럼 믿고 한번 쭉 해 보세요. 내가 생각하지 못한 여러 기쁨을 발견하게 되면서 저절로 자신의 꿈을 찾을 수 있을 거예요. 꿈에 집착하거나 당장 꿈을 찾으려는 노력보다는 여러 경험을 하는 과정에서 자연스레 꿈을 찾아가는 것이 중요합니다.

Q&A 5
자기논리의 주인이 되라

청춘

저는 꿈에 대해 약간 지쳐 있어요. 큰 꿈을 갖고 있지만 어떻게 동기부여를 해야 할지 모르겠어요. 우선 취업을 목표로 제게 주어진 환경에서 할 수 있는 최선을 다했다고 생각하고 면접을 봤어요. 그런데 저는 비전공자이고 해당 분야에 관심 있다고 할 증거가 없다는 이유로 불합격 통보를 받았어요. 저는 최선의 준비를 하고 도전한 면접에서 그런 말을 들으니까 제 자신이 위축되고, '지금까지 뭘 한 거지?' 하는 생각에 내가 정말 할 수 있을까 회의가 듭니다. 꿈을 이루어 가는 단계를 밟기가 어려워졌어요. 대표님이라면 어떻게 극복하시겠어요?

동헌

저는 그런 이야기를 들으면 '아, 당신 생각은 그렇구나, 내 생각은 다른데'라고 하거든요. 그건 그쪽의 논리인 거예요. 상대방이 "너한테 없잖아"라고 했을 때 "아, 나한테 없구나, 그럼 안 되는 거구나" 하면 상대방 논리에 말려드는 겁니다. 하지만 내가 반대의 논리, 즉 본질을 다루는 논리를 갖고 대응하면 극복할 수 있는 장애물이에요.

제가 컨설팅 회사 입사 준비를 할 때 주변 사람 중에 입사한 사례가 없어서 나름대로 혼자 준비하고 면접에 들어갔어요. 그때 면접관이 "네가 네이티브야?" "외국 대학을 나왔어?" "컨설팅을 해 봤어?" "경영 전략 관련 동아리 경험이 있어?" 등을 질문해 왔어요. 전 해당 사항이 하나도 없었어요. 하지만 제 창의력과 감각을 어필하며 대답했어요. "저는 숫자 감각과 분석력을 지니고 있습니다. 요즘은 컨설팅의 트렌드가 급변하고 있어 현재를 벤치마킹하는 것보다 새로운 미래를 예측하고 신선한 아이디어를 접목하는 게 중요하다고 봅니다. 새로운 시대 변화에 대응해야 하기 때문에 제가 가진 이런 자질이 꼭 필요하다고 생각합니다."

그런데 내가 제시한 논리로 설득할 수 없다면? 그럼 떨어지는 거예요. 하지만 내 논리를 바꾸지 않는 것, 대화의 주도권을 갖는 것이 중요해요. 실패해도 상관없어요. 내 꿈의 주인이 됐으니까요. 내 삶의 주인으로서 당당한 지점에 이르면 자신에게 한 점 부끄러움이 남지 않아요.

그런데 사용자의 논리에 따라 그쪽이 요구하는 대로 채워 보려 노력했지만 채울 수 없는 환경이어서 하지 못했다면, 끊임없는 열등감과 자괴감에 빠지게 돼요. '나는 이게 없어서 안 되는구나' 하고요. 그러나 자신만의 매력이나 강점을 어필하여 통과할 수 있는 논리와 자신감을 계발해서 뚫고 나가는 방법이 있어요. 그때는 그 직장의 특징상 내 논리가 반드시 필요하다는 전제가 있어야 하죠. 만약 깊이 성찰해 봤을 때 나와 맞지 않고, 내게 해당 분야의 능력이 없는 것 같다면, 다른 길을 찾는 과정으로 이해하고 목적지를 다시 설정할 필요가 있어요.

Q&A 6
자신이 할 수 있는 것과 없는 것을 분리하라

청춘

저와 함께 일하던 선배님이 회사의 권고로 사직하셨어요. 평생 그 일을 하고 싶어 한 분인데, 저도 언젠가 그렇게 될 수 있다는 위기감이 들었고요. 열심히 일한 사람도 퇴출시키는 것을 가까이서 경험하니 마음이 힘들더군요. 그럴 때는 어떻게 해야 하나요? 내 뜻과 상관없이 구조조정을 겪게 되는 상황 말예요.

동헌

제게는 이런 원칙이 있어요. 내가 할 수 있는 것과 내가 할 수 없는 것을 분리해야 한다. 즉 내부적인 요인과 외부적인 요인을 구분하는 거죠.

사회에서 큰 이슈를 일으킨 어떤 사건 때문에 〈청춘페스티벌〉 일정을 바꿔야 한 적이 있었어요. 큰 스트레스를 받았죠. 몹시 낙심되는 상황이었지만 '이건 내가 어쩔 수 없는 경우'라고 생각하고 정리했어요. 외부적인 요인으로 인해 좌절된 결과가 내 감정이나 생각에

까지 영향을 미쳐서는 안 된다고 여긴 거죠. 내가 컨트롤할 수 있는 변수를 정하면 그 안에서 무언가 잘못되어도 고치거나 다시 방향을 설정하여 나아가는 의지를 만들 수 있어요.

외부적인 환경, 즉 경제 상황이 좋지 않아 구조조정을 당하거나 재해를 입게 되는 안타까운 상황이 발생할 수 있어요. 그러나 내가 어찌할 수 없는 부분이죠. 그래서 외부적인 요인으로 분류하고, 이에 가치를 두지 않아야만 쉽게 극복할 수 있어요. 그러한 신념이 굉장히 중요합니다.

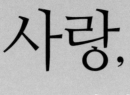

사랑,

누구를 어떻게
사랑해야 하나

◇◇◇◇◇◇◇◇◇

내가 사랑하는 사람들이
더 행복하고 성장하고 잘됐으면 좋겠다는 갈망이
진짜 사랑이라고 할 수 있습니다.

진짜 사랑은

자신의 생명을 내어 줌으로써

타인을 풍요롭게 만들고,

자신의 생동감을 고양하여

상대의 생동감을

높이는 것입니다.

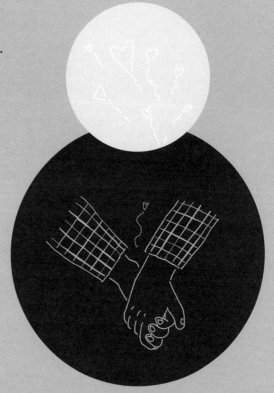

●● 진짜 사랑은 무엇인가

바빠서 사랑할 여유가 없다는 말은 나의 분주함을 무시해도 좋을 만큼 사랑하는 대상이 마음에 들어오지 않았다는 뜻입니다. 사랑은 자신이 처한 환경과는 무관하지요. 아시다시피 스케줄이 바쁜 운동선수나 연예인도 사랑을 해요. 바빠서 못 만난다는 건 핑계입니다. 진짜 이유는 자기 자신에게서 찾아야 합니다.

다양한 원인이 있겠지만, 요즘 젊은 세대가 사랑을 못하는 이유는 잘못된 전제가 많기 때문입니다. "나는 사랑할 준비가 됐어. 하지만 사랑할 대상을 아직 못 만났어." 이렇게 말하기도 하고, 사랑을 물질이나 조건의 교환같이 생각해서 못 만나는 경우도 있습니다. 각자가 어떤 전제를 가지고 있습니다.

그래서 사랑에 대한 근본적인 질문을 던지면서 같이 고민해 봤으면 좋겠습니다. 혹시 사랑하는 상대에게 고백하는 방법이나 스킨십 하는 방법 등을 알고 싶다면 이 부분은 읽지 말고 넘어가셔요. 여기에서는 '청춘에게 사랑이란 무엇인가'에 대해 함께 고민해 보고자 합니다.

– 진짜 사랑은 무엇인가?

– 나는 정말 사랑하고 있는가?

– 어떻게 하면 사랑할 수 있나?

– 누구를 사랑해야 하나?

– 사랑하는 사람을 어떻게 찾을 수 있나?

– 짝사랑은 이루어질까?

– 어떻게 사랑하고 있나?

– 사랑이 끝나버리면 어떻게 해야 하나?

사랑에 관한 여덟 가지 질문을 준비했습니다. 첫 번째 질문은 '진짜 사랑은 무엇인가?'입니다. 무엇일까요?

세상에는 사랑하는 부부나 연인이 많습니다. 그들을 봤을 때 '아, 이 사랑은 참 아름답고 감동이다' 이런 생각이 드는 커플이 있을 겁니다. 주변이나 유명인 가운데 그런 커플들을 떠올려 보세요. 따뜻한 사랑을 베풀며 살아가는 부부, 서로 같이 만들어 가고 맞춰 가는 부부, 80대 노부부처럼 오래도록 같이 살아가며 해로^{偕老}하는 부부 등.

각자가 생각하는 아름다운 사랑에 대한 정의가 있을 거예요. 그럼 그대로 살면 됩니다. 그런 사랑을 하면 돼요. 그런데 왜 못할까요? 돌고 돌아서 이상형이 없을 수도 있어요. 그런데 '아, 저 사람이 내 이상형이야' 하는 생각은 각자 하는데, 결국 현실에 맞닿으면 조건을 따지고, 주변 시선을 의식하고, 내가 손해 보는 것 같다는 생각에 주저하는 경우가 많아요. 그래서 원래 생각과는 달리 실제로 이상형과 교제하는 것은 매우 어렵죠.

중요한 것은 각자 정의하는 사랑이 있고 실제로 그런 사랑을 실천하는 부부가 있다면, 그 부부처럼 살겠다는 용기와 의지가 내게 있는지 생각해 봐야 합니다. 그리고 사랑하는 감정과 실제 사랑은 다르다는 것도 명확히 인지해야 합니다. 사랑하는 감정은 내 모든 것을 다 주고 싶고, 날마다 보고 싶고, 이 사람만 있으면 다 될 것 같은 거죠. 그런데 다른 관점에서는 집착으로 보이기도 해요. 이런 사랑은 본인이 얼마나 외로운지를 방증하는 겁니다. 솔로로 외로웠던 시간이 길었다가 사랑하는 사람을 만나면 이러한 감정들이 강렬해지죠. 그런 감정은 얼마가지 않아요. 어떻게 보면 진짜 사랑은 그런 감정이 끝났을 때 시작된다고 할 수 있습니다.

그래서 사랑은 맨 처음 만났을 때의 최초 감정보다는 서로 지속해서 만나는 시간을 통해 알아 가고 쌓아 가는 관계, 즉 흥분이 가라앉고 계속 사랑에 머물러 있는 상태에서의 감정이 중요합니다.

그때 내가 어떤 감정을 느끼고 어떤 마음이었는지 생각해 보면 자신의 사랑이 진짜인지 테스트해 볼 수 있습니다. 커플이 된 지 한 달이 지나도 계속 가슴이 뛰던가요? 만날 때마다 굉장히 좋던가요? 그런 감정이 영원하길 바라지만 인간의 생리상 그렇지 않습니다. 처음 설레던 그 흥분이 사라져 갈 때 어떤 감정을 느끼느냐가 굉장히 중요합니다.

진짜 사랑은 나를 한 사람과의 관계에만 매몰되게 하지 않습니다. 한 사람만 사랑하고 다른 사람에게는 무심하다면 내 사랑의 그릇은 아주 작아 오래 가지 못합니다. 풋사과처럼 익지 않아 깨지기 쉽습니다.

일반적으로 남녀 간의 사랑에서 단 한 명만 바라보고 다른 누구도 사랑해서는 안 된다고 생각하잖아요? "나만 바라봐" 이런 말을 쉽게 합니다. 진짜 사랑일까요? 성숙한 사랑이라고 볼 수는 없습니다. 상대를 배려하기보다는 자기 파괴적인 모습으로 드러납니다. "나는 당신을 사랑한다"는 말은, 나는 당신을 통해서 모든 사람을 사랑하고, 당신을 통해 세계를 사랑하고, 나 자신을 이전보다 진정으로 사랑한다는 뜻을 포함합니다. 사랑하는 사람을 통해 나의 세계관과 가치관이 바뀔 때, 그것이 진짜 사랑입니다. 그저 가슴이 뛴다고 해서 진정한 사랑이 완성되는 것은 아닙니다.

그렇지만 20대에는 그렇게 가슴만 뛰는 사랑도 의미가 있다고 생각해요. 그런 감정을 반복하면서 내 사랑에 한계가 있다는 것을 발견하는 것이 성숙한 사랑으로 나아가는 과정이니까요.

●● 정말 사랑하고 있나

내가 어떤 사람을 좋아하는지, 사랑하는지 알쏭달쏭할 때가 있죠? 그러고 보면 사랑이라는 것은 결국 사랑하는 대상에 대한 적극적인 관심이거든요. 적극적인 관심이 없으면 사랑이 아닙니다. 사랑의 대상에게 적극적 관심을 가지면 그 대상에 대해 좀 더 알고 싶어집니다. 그냥 사랑하는 감정이 어느 순간 갑자기 오는 게 아니라 왠지 모르게 관심이 가고 만나서 알고 싶은 마음이 불일 듯 솟습니다. 그래서 관심이 생긴 상대방의 SNS에 친구 추가하고 상대의 과거 글과 사진이 보고 싶어집니다. 바로 사랑의 시작점과 맞닿는 것입니다.

그런데 이 정도로는 누군가를 사랑한다고 말하기는 어렵습니다. 이

건 사랑뿐만 아니라 꿈과 직업에도 해당되는 거예요. 여기서 중요한 건, '더 알고 싶어진다'는 데 있습니다. 상대의 과거에 급격한 호기심이 생깁니다. 그렇다고 해서 이런 적극적 관심과 알고 싶은 마음이 모두 다 사랑이라고 할 수 있을까요? 이를테면 나비를 몹시 사랑하는 어린 소년이 있다고 해 보죠. 이 소년은 나비에 대해 정말 알고 싶어요. 여기저기 자료를 검색해 보고 백과사전도 살펴봅니다. 그렇게 지식적으로 알고 싶은 영역에서 나아가 나비를 잡아서 해부하기 시작합니다. 나비를 알고 싶어서 나비를 잡아 상처 입히고 파괴합니다. 스토커, 사생팬의 모습이 이러하죠. 사랑인가요? 자신의 적극적인 관심이 상대에게 고통을 준다면 사랑이라고 할 수 있을까요?

그래서 한 가지 조건이 더 붙습니다. 적극적 관심이 있다면, 그 적극적 관심으로 상대방을 생명력 넘치게 해야 합니다. 그때만이 사랑한다고 말할 수 있습니다. 진짜 사랑은 자신의 생명을 내어 줌으로써 타인을 풍요롭게 만들고, 자신의 생동감을 고양해서 상대의 생동감을 높이는 것입니다. 그래서 내가 사랑받는다는 느낌이 아니라 내가 사랑하는 사람들이 더 행복하고 성장하고 잘됐으면 좋겠다는 갈망이 진짜 사랑이라고 할 수 있습니다. 성숙하지 않은 사랑은 집착으로 기울어집니다. 집착은 상대방의 감정을 상하게 하는 파괴력을 지니고 있습니다.

●● 선순환 구조를 만드는 사랑인가

우리가 생각해 봐야 할 다른 사랑으로 부모의 사랑이 있습니다. 희생을 바탕으로 하는 헌신적인 사랑이죠. 그런데 자식에 대한 부모의 사랑 또한 과하면 집착이 됩니다. 사랑 받는 자녀의 인생을 위하는 돌봄이 무엇인지 망각하고 부모 자신의 상처를 투영하거나 못다 이룬 꿈을 이루려 한다면 자녀는 숨 막히는 고통을 겪게 될 것입니다. 그렇게 생명력을 옥죄고 고통을 안길 때 그건 사랑이라 할 수 없습니다. 자신과 관계없는 이들을 돕기 위해 꾸준히 기부하는 사람이 아름다운 것은 배우자와 가족을 넘어선 사랑으로 다른 누군가를 행복하게 하며 사랑을 전파하기 때문입니다. 진짜 사랑을 주고받으면 그 사랑을 다른 곳으로 전파하고 싶은 마음이 생깁니다. 깊은 사랑을 받아 본 사람만이 누군가를 사랑하고 사랑을 흘려보낼 수가 있습니다. 사랑은 이렇게 전이되는 능력을 지니고 있습니다.

선순환 구조를 만드는 것, 즉 사랑을 주면 그것을 받은 사람이 사랑을 전파하고 그 사랑이 또다시 전파되면서 더 좋은 세상을 만들어 가는 것, 이것이 진정한 사랑의 정의입니다. 사랑을 받고 싶다면 먼저 사랑해야 합니다. 먼저 사랑해야 사랑이 시작되고 삶이 풍요로워질 뿐만 아니라 마음에 풍성한 기쁨이 계속 샘솟는 사랑을 만듭니다.

한 사람의 세계관을 바꾸는 것, 지식의 근원이 되는 것, 그리고 생명력이 넘치게 하는 것, 선순환 되는 것 등이 진정한 사랑입니다. 그렇지만 이런 내용을 일일이 다 따지며 사랑을 시작할 수는 없습니다. 하나라도 해당된다면 우선 시작하고 나머지는 만들어 가면 됩니다. 사랑은 서로가 잘 키워가는 노력을 요구하니까요.

세상에는 정말 아름다운 사랑이 많지만, 제가 가장 아름답다고 생각하는 사랑의 모델은 존 레넌과 오노 요코입니다. 존 레넌은 오노 요코를 만난 뒤 프로필을 이렇게 바꾸어 썼습니다.

"1940년 10월 9일 출생, 1966년 오노 요코를 만남."

이것이 그의 프로필 전부입니다. 오노 요코를 만남으로 존 레넌의 세계관과 인생이 완전히 바뀐 것을 드러냈습니다. 저는 이 커플에게서 진정한 사랑에 대해 배우고 생각해야 할 점이 많다고 생각합니다.

●● 어떻게 하면 사랑할 수 있나

어떻게 하면 사랑할 수 있나요? 청춘들이 몹시 궁금해하는 질문일 것입니다. 하루에도 몇 번씩 고민하지 않나요? 어떻게 하면 사랑할 수 있을까? 소개팅을 해야 하나? 좋은 친구를 만나야 하나? 이건 방법론으로 접근하기보다 생각이나 콘셉트를 어떻게 두는지에 대한 문제입니다. 이 대목에서 잘못된 전제 때문에 사랑하기가 굉장히 어려워지는 결과를 낳습니다.

사랑의 문제를 능력의 문제가 아닌 대상의 문제로 보기 때문에 반복적인 실연을 경험합니다. 사랑할 누군가를 못 만났다고 생각하는 거예요. 그래서 사람들이 사랑을 어떻게 할까 고민하면, 사랑하는 사람을 어디서 어떻게 만날 것인가만 생각합니다. 과거 세대는 중매결혼을 많이 했지만, 요즘 세대는 사랑에 대한 가치관이 잘 성립되지 않은 상태에서 사랑할 대상을 찾기 때문에 악순환을 겪는 경우가 많습니다.

사랑에 대한 진지한 성찰보다는 연애 대상에 대한 조건만 늘어놓다가 연애와 결혼이 점점 늦어지고, 결국에는 자포자기하는 심정으로 결혼정보회사나 중매를 통해 잘 알지도 못하는 상대와 만나 일단 결혼부터 합니다. 극히 일부를 빼고는 이런 악순환의 고리에서 행복할 수 없습니다.

좋은 사람을 만나지 못해서 사랑하지 못했다고 생각한 적 있나요? 이런 생각의 사람은 자의식이 강하다는 공통점이 있습니다. 자의식이 너무 강해서 사랑을 가로막습니다. 주관적인 신념으로 '나는 이런 이유 때문에 사랑이 어려워' 하고 끊임없이 판단합니다. 이치에 맞지 않는 생각과 자신의 욕망이 사랑을 방해하는 것입니다. 굉장한 아이러니입니다. 만나고 싶은데 못 만나는 상황이 반복된다면 자신의 마음을 관찰할 필요가 있습니다. 내가 버리지 못하는 욕망이 무엇인지, 어떤 부분에 가치를 두고 있는지 점검해 보아야 합니다. 결국 사랑을 하지 못하는 것은 사랑할 대상이 아니라 자기 자신에게 문제가 있습니다. 사랑을, 사랑에 대한 성숙한 자기 인식의 문제가 아닌, 내가 사랑하고픈 대상의 문제로 생각하는 것은 잘못된 전제입니다.

●●● 어떻게 하면 사랑받을 수 있나

사랑을 받는 것에 대해서는 어떤 관점을 가져야 할까요? 어떻게 하면 사랑을 많이 받을 수 있을까요? 사랑받으려고 어떤 노력을 하나요? 다이어트? 운동? 화장? 헤어스타일? 성형? 남자들은 뭘 해야 할까요? 돈을 벌어야 하나요? 남자들이 추구하는 권력도 그렇죠.

그런데 이런 노력으로 사랑을 구하는 것은 '사랑스럽다'의 정의를 본인의 인기와 동일시하는 것입니다. 자신의 돈, 권력, 인기와 매력 상승이 사랑스러움과 같다고 생각하기 때문에 계속 그 부분에만 집중하면서 정작 중요한 것은 놓칩니다. 그래서 계속 그런 요소를 가진 사람만 찾게 되지요. 결국 사랑받고자 했지만 공허한 마음밖에 남지 않습니다. 새로운 사랑을 시작해도 그런 공허한 종결은 반복됩니다.

과연 사랑하고 사랑받는다는 것이 무엇일까요? 가슴속 깊이 사랑하는, 진짜 사랑을 하는 사람들이 어떻게 그 사랑을 시작했는지를 주목해 볼 필요가 있습니다. 그들은 사랑에 대한 능동적 의지가 가득합니다. 사랑을 받겠다고 하지 않고 사랑을 주겠다고 하는 사람들이죠. 그래서 사랑의 시작도 사랑하는 과정에도 풍성한 기쁨이 따릅니다. "나는 너를 사랑해. 내 사랑을 네게 주고 싶어. 아무 대가도 필요치 않아." 자신이 어떻게 사랑받을지를 고민하지 않는 것, 어떻게 사랑을 줄지를 고민하는 것, 바로 여기에 공허하지 않은 사랑의 시작과 과정이 있다고 생각합니다.

존 레넌과 오노 요코의 예를 들어 볼게요. 존 레넌은 스물여섯 살, 오노 요코는 서른세 살이었고, 둘 다 결혼해서 자녀가 있었어요. 레넌은 지금 전설이 된 비틀스의 멤버였고, 요코는 무명의 아티스트였습니다. 그 당시 서로 다른 인종이 결혼한다는 건 아주 드문 일이었습니다. 그들은 당시 사람들의 풍습에서 벗어나는 결혼을 했습니다. 이 커플은 자기가 사랑받기 위해 노력했을까요? 이런 생각이 들더군요. 두 사람은 가슴속에 사랑에 대한 의지가 있었고, 내가 사랑할 대상을 봤을 때 한 번에 알아보는 눈을 가졌을 거라는…… 존 레넌의 〈이매진〉을 들어 보면, 반전과 평화에 관심이 깊다는 것을 알 수 있습니다. 세상에 대한 깊은 사랑이 있었습니다. 오노 요코 역시 존 레넌과 공감하며 공통된 의미의 세상을 향한 사랑이 있었습니다. 그녀의 행위예술과 설치예술은 주로 반전과 평화에 대한 메시지를 표현했습니다.

●●● 누구를 사랑해야 하나

누구를 사랑해야 할까요? 어떤 사람을 사랑해야 할까요? 여자 분들은 조건 좋은 남자, 돈 많고 안정적인 직장이 있는 남자들을 찾을 테고, 남자 분들은 예쁜 여자를 찾습니다. 대부분 동의하실 겁니다. 그런데 이것도 현대사회가 강요하는 큰 전제입니다. 사랑을 자본주의 경제의 교환가치로 생각하는 거예요. 매력은 결국 시장에서 잘 팔리고 품질 좋은 것이라고 착각하게 합니다. 자신이 매력적으로 보이도록 포장하려는 것을 꼭 나쁘다고만은 할 수 없습니다. 자신이 매력 있게 보이고 싶어 하는 욕구에 대해 부정적으로만 심각하게 판단할 필요는 없다고 봅니다. 그것만을 쌓으려 하는 것이 문제이죠.

그런데 이 매력이 굉장히 위험한 것은 무엇을 매력적으로 볼 것인가의 화두가 시대에 따라 계속 바뀌는 데 있습니다. 예전에는 섹시한 여자를 좋아했다면 요즘은 청순한 여자를 좋아합니다. 누가 알아요? 가까운 미래에는 위트 넘치는 여자가 최고의 인기녀가 될지! 이런 유행은 예측할 수 없습니다. 지금 시대가 요구하는 매력을 갖추려고 온갖 노력과 돈을 쏟아 부은 뒤, 한순간에 지나가는 유행 때문에 후회할 날이 올지 모릅니다.

현재 유행하는 외모의 경향에만 맞추어 자기 매력을 발산하려 하다 보면 결국 자신의 소중한 가치와 사람 보는 눈을 잃어버리고, 오직 시장의 교환 가치만을 고려해 백화점 쇼핑하듯 사람을 대합니다. 서로 책임지는 관계의 사랑은 필요 없고 상품성을 고려하여 마음에 드는 사람만 만나면서 즉흥적인 관계로 충분하다면 상관없어요. 앞에서 언급한 자포자기가 여기에 해당됩니다. 혼기가 차서 결혼할 때가 되면, 다 내려놓고 이런 시장의 교환 가치로 사람의 수준을 판단하는 경우가 있습니다. 드러내놓고 말하지는 않지만, 우리 사회에 용기 있는 소수의 사람을 제외하고는 대부분의 사람이 이런 식의 결혼을 하고 있습니다.

그런데 이런 시장의 교환 가치에 따라 사랑을 하지 않는 경우가 있습니다. 어리고 순수할 때 그렇습니다. 철들기 전에는 순수한 사랑을 하죠. 스물다섯 살만 넘어도 어느 정도 철이 들어서 조건을 먼저 따지며 순수한 사랑을 하기 힘들어집니다. 그런데 조건을 세세히 따지며 상대를 만나려는 나이가 점점 빨라지는 것 같습니다. 나이가 드신 분들은 분별력에 의해 선택합니다만, 아직 20대 초반이라면 세속적 가치에 휘둘리지 말고 서로에게 충실하고 건강한 모습으로 만나시기 바랍니다.

●● 사랑해도 좋은 사람은 어떤 사람인가
─ 사랑이 많은 사람

어떤 사람이 내가 사랑해도 좋은 사람일까요? 저는 그 첫 번째로 사랑이 많은 사람을 꼽습니다. 너무 뻔한 얘기 같지만 이런 사람은 사랑을 많이 줄 수 있습니다. 연인 관계에서는 상대방에게 굉장히 집착하고 그 사람을 독차지하려는 사람일수록 사랑을 못 받고 자란 경우가 많습니다. 어릴 때 사랑에 대한 트라우마가 있는 사람이 그렇습니다. 그래서 가정에서 따뜻한 사랑을 많이 받고 자란 사람이 본인도 사랑스럽고 타인에게 온전한 사랑을 전합니다. 깊은 사랑을 받고 자랐기 때문에 무조건적인 사랑을 베풀 줄 아는 것이죠. 사랑할 만하지 않는데도 사랑하는 마음은 가정에서 처음 접하며 배웁니다. 조건 없는 사랑을 경험해 본 사람이 그 사랑을 느끼고, 사랑을 수단이 아닌 목적으로 파악하고, 세상에 전파하고자 하는 마음이 자연스럽게 생겨납니다.

　이러한 무조건적인 사랑의 경험을 가진 이들을 보면, 어릴 때 그다지 안 예뻤고 별로 귀엽지 않은 이들이 있습니다. 공부도 뛰어나게 잘하지 못했고 사랑스러운 모습이 많지 않은데도 사랑을 받고 자랍니다. 그런 사람이 무조건적인 사랑에 확신을 갖는 반면, 어릴 때 예쁘고 공부를 잘했음에도 불구하고 조건부 사랑을 좇는 경우가 허다합니다. '내가 이것을 해내니까 사랑을 받는구나' 하는 고정관념 때문에 사랑에 확신이 없습니다. '내가 이걸 해야만 나를 사랑하겠지?' 하며 불안감을 떨쳐 내지 못하다가 헤어지고 맙니다. 그래서 어릴 때 어떤 사랑을 받았는지가 중요한 경험입니다. 어렸을 때 사랑받은 경험이 적은 사람일수록 성숙한 사랑을 깨닫기 위한 실패가 필요합니다.

　성숙하지 못한 사람은 '나는 사랑받는다면 사랑하겠다'고 합니다. 또는 당신이 내게 필요한 존재이기 때문에 내가 사랑하겠다고 합니다. 사랑을 시작했어도 상대가 나를 사랑하지 않는 모습이 보이거나 내게 필요한 요소를 잃어 버리면 쉽게 헤어지고 맙니다. 하지만 성숙한 사랑은

'나는 사랑하기 때문에 사랑받는다'고 생각합니다. 즉, 내가 그대를 사랑하기 때문에 그대가 필요하다는 것입니다. 사랑이 조건이 아닌 목적에 놓여 있습니다. 성숙하지 않은 사랑은 자기 기준의 조건을 내걸고 자신도 수단이 되어 이용당합니다. 그래서 조건을 중시하는 현대사회에서 우리는 가슴속에 사랑이 많은 사람을 찾기가 어렵습니다. 사랑이 많은 사람을 꼭 알아보고 찾기를 바랍니다.

●● 사랑해도 좋은 사람은 어떤 사람인가
– 지혜로운 사람

사랑해도 좋은 두 번째 사람은 지혜가 많은 사람입니다. 미혼 남녀는 외모에 신경을 많이 씁니다. 저도 신경을 많이 쓰는 편입니다. 현대사회에서 매력적인 외모로 보이도록 신경 써야 하는 게 필요합니다만, 진짜 매력 있는 사람은 지혜가 많은 사람입니다. 요즘말로 뇌가 섹시한 사람이지요.

이런 사람들이 주목받는 이유가 무엇일까요? 잘생기고 예쁘다는 것이 평범해지고 있기 때문입니다. 외모가 출중한 사람이 많아지고 있습니다. 배우처럼 잘생긴 비주얼의 사람들도 쉽게 만날 수 있습니다. 그래서인지 뇌가 섹시한 사람이 이전보다 훨씬 각광받는 시대입니다.

존 레넌은 어느 날 친구의 소개로 오노 요코의 작품이 전시된 곳에 들어갔습니다. 전시회장에는 사다리가 설치되어 있었는데, 관람객은 사다리를 타고 올라가서 돋보기를 통해 천장에 쓰인 아주 작은 글자를 볼 수 있었습니다. 바로 'yes'라는 글자입니다. 오노 요코는 'yes'라는 긍정의 답을 얻기 위해서는 사다리를 오르고 돋보기를 통해 보는 것과 같은 노력을 기울여야 한다는 것을 작품으로 표현했습니다. 존 레넌은 이 작품을 보고 오노 요코에게 반했습니다. 자신의 생각이 그대로 반영된 듯한 작품을 만났기 때문입니다. 그녀의 지적이고 예술적인 면을 발견한 겁니다. 그런데 그녀의 이런 매력을 알아본 것은 존 레넌이었기에 가능했습니다. 실제로 존 레넌이 이런 이야기를 했습니다. "사람들 눈에 요코가 어떻게 보이든 그녀는 나에게 최고의 여성입니다. 비틀스의 주변에 예쁜 여자들이 얼마든지 있습니다. 하지만 요코처럼 지적인 여성은 없습니다."

이런 열정과 분별력을 가진 사람이 많아지면 좋겠습니다. 그래서 우리 시대의 남성들도 이런 여성들을 알아보고 더욱 평화로운 세상을 열어갈 수 있기를 기대합니다. 희망을 가지고 지금부터라도 지적인 매력을 쌓기 시작하면 언젠가는 뇌가 섹시한 부류에 충분히 편입될 수 있을 것입니다.

외양에서 느껴지는 성적 매력은 쉽게 사라집니다. 빼어난 몸매와 얼굴에서 느끼는 매력은 영원하지 않으니까요. 하지만 상대방에게 외적인 매력을 넘어서는 또 다른 매력을 어필하면 시간이 지날수록 사랑이 점점 커져 갑니다. 그래서 뇌가 섹시하다는 것을 보여 줄 기회가 오면 자신의 고유한 매력을 어필할 수 있어야 합니다. 이를테면 누가 '어떤 영화 좋아하세요?' 또는 '어떤 음악을 좋아하세요?' 하고 물어올 때 자신만의 취향이 드러나는 영화나 음악을 이야기해 보세요. 자신뿐만 아니라 사회 문제에 관심을 갖는 사람도 굉장히 매력적입니다.

●● 사랑해도 좋은 사람은 어떤 사람인가
– 삶에 서사가 있는 사람

마지막으로 매력적인 사람은 삶에 서사가 있는 사람입니다. 자신의 삶에 다양한 이야기가 있는 사람을 만나면 멋지다는 생각이 듭니다. 많은 명사를 만나는 직업을 가진 제가 가장 매력적으로 느낀 분은 우여곡절을 많이 겪어 이야깃거리가 있는 이들입니다. 누군가를 한두 번 만나면 단순히 아는 정도로 끝나지만, 세 번 이상 만나면서는 그 사람이 하는 말속에 담긴 진심이 들리기 시작합니다. 한 사람의 화법에는 반드시 그의 철학이 배어 나오는데, 차곡차곡 자신의 철학을 쌓은 사람들이야말로 매력적입니다.

이러한 서사는 자기 안에 갇힌 사람에게서는 나오지 않습니다. 세상에 정면으로 부딪치고 도전하면서 서사가 쌓인 사람만이 가능합니다. 그래서 저는 삶의 이야기가 많은 사람은 극한의 고난을 견디고 도전적으로 자기 인생을 잘 살아 온 사람이라고 확신합니다. 마이크임팩트에서 사람을 뽑거나 명사 분을 모실 때 이런 기준을 적용합니다. 젊은 층이 나이 많은 인생 선배에게 매력을 느끼는 요소 가운데 중요한 부분이 삶에 스며 있는 다양한 서사입니다.

어떤 사랑을 만나야 하느냐는 질문을 뒤집어 보면 어떻게 하면 사랑받는 사람이 될 수 있느냐는 질문과 같습니다. 가슴속에 사랑이 많은 사람, 지혜로운 사람, 삶에 서사가 있는 사람에 대해 말씀드렸습니다. 물론 외적인 매력도 있으면 좋지만 이는 한순간입니다. 오래가는 매력이 무엇인지 고민해야 합니다.

●●● 사랑해도 좋은 사람은 어떤 사람인가
– 방향과 시선이 같은 사람

사랑하는 사람을 어떻게 찾을 수 있을까요? 지금 이 순간 이 곳에서 가능할까요? 그런데 사랑하는 사람을 찾을 때, 많은 사람이 "나의 반쪽을 찾아야지" 하고 접근합니다. 이런 자세로는 사랑할 대상을 찾을 수가 없습니다. 샴쌍둥이도 아닌데 어떻게 반쪽을 알아볼 수 있을까요? 자기처럼 불완전한 반쪽을 만나면 둘이 하나가 되어 완전체로 거듭날까요?

본인이 온전해야 온전한 사람을 만날 수 있습니다. 그런데 사람들은 누군가를 찾을 때 자기에게 부족한 점을 상대를 통해서 채우려 합니다. 자기가 돈이 없으면 돈이 있는 사람, 자기가 외로우면 외로움을 달래 줄 수 있는 사람을 찾습니다. 이런 동기의 사랑은 대부분 실망과 실연으로 돌아옵니다. 자신이 원한 그 매력이 사라지면 더 이상 그 사람을 사랑하지 않을 테니까요. 자신의 부족한 점을 채워 줄 '나의 반쪽'을 찾으려 하니까 계속 결핍감이 듭니다. 불완전한 나를 완전하게 해 줄 사람은 찾을 수도 없을 뿐더러 찾는다고 해도 관계가 오래 지속될 수 없습니다.

결국 온전한 상태에서 관계를 맺을 때만이 온전한 상대를 찾을 수 있습니다. 내가 생각하는 짝은 나와 함께 걸어갈 수 있는 사람입니다. 함께 걸어가려면 방향과 시선이 같아야겠죠. 방향과 시선이 다르면 같은 길을 걸을 수 없으니까요. 업히거나 짐이 되는 사람이 아니라 함께 걸어가는 사람이 진짜 사랑일 것입니다. 그런데 이렇게 방향과 시선이 같은 사람을 어떻게 만날 수 있을까요?

나의 방향과 시선이 같은 사람을 만나야 하는데 그전에 가장 큰 문제는, 나의 방향과 시선이 제대로 설정되어 있느냐 하는 것입니다. 자기가 어디로 가야 할지도 모르면서 짝을 찾으면 시간만 허비하게 됩니다. 좋은 사람을 찾기 전에 내가 어느 길을 가야 할지 스스로 깊이 질문해 봐야 해요. 자기 자신이 혼란스러운 상태에서 좋은 사람, 온전한 사람을 만날 수 없습니다.

그러면 방향과 시선을 정하고 그 길을 가면 그냥 만나질까요? 만날 수 있습니다. '시절인연時節因緣'이라는 말이 있습니다. 모든 인연에는 오고가는 시기가 있다고 합니다. 아무리 애를 써도 만날 인연이 아닌 사람은 만나지 못하고, 만날 인연인 사람은 어떻게든 만나게 된다는 뜻입니다. 서로 다른 길을 가던 두 사람이 어떤 촉발에 의해 공통의 리듬을 타게 되는 특별한 시간대가 있습니다. 서로의 마음이 활짝 열리는 순간이지요. 그때 두 사람 사이에 시절인연이 형성되고 서로를 알아보게 됩니다. 결국 사랑할 대상이 문제가 아니라 내 자신의 문제라고 한 것은 내가 시절인연에 있으면 좋은 사람을 만날 확률이 굉장히 높다는 의미입니다. 결혼한 친구들에게 물어보면 현재의 배우자가 자기 인생에서 가장 열렬히 사랑한 대상이었다기보다 때가 되어서 반려로 맞이하게 됐다고 고백합니다.

그리고 누구나 가슴 아프게 헤어진 첫사랑이 있습니다. 그 사람과 결혼하지 못한 이유는 서로 성숙하지 않은 데다 시절인연이 아니었기 때문입니다. 시절인연이라면 작은 촉발만 있어도 사랑이 움트게 됩니다. 처음 본 순간 한눈에 나와 결혼할 것 같았다는 이해할 수 없는 말을 하는 사람이 있습니다. 그런데 일리가 있는 말입니다. 제 친구 중에 만난 지 2주 만에 결혼을 결정한 이가 있습니다. 그 친구는 소개팅을 수십 번이나 했는데, 그 여성을 만나자마자 이 사람과 결혼할 것 같다, 하더니 실제로 결혼해서 살고 있습니다. 이상형이 있지만 그 유형과 전혀 다른 사람을 만나는 것도 이 때문입니다. 시절인연에 와 있는 것이지요.

자기 길을 정하고 묵묵히 그 길을 가다가 보면 배우자를 만날 것입니다. 존 레넌과 오노 요코처럼 말이지요. 존 레넌은 이렇게 말합니다.

"우리가 진짜로 만난 순간이었죠. 우리의 눈이 서로에게 멈췄는데 그녀도 그걸 느꼈고 나도 그걸 느꼈어요."

이런 순간에는 꼭 용기를 내어 손을 내밀어야 합니다.

●●● **짝사랑은 과연 이루어질까**

짝사랑은 이루어질 수 있을까요? 사실 생각해 보면 사랑은 모두 짝사랑이에요. 저 사람이 나를 좋아하는지 알기 전까지는 짝사랑입니다. 짝사랑은 당연한 거예요. 그런데 짝사랑을 계속할지 말지를 생각해 볼 필요가 있습니다. 서로의 취향이 안 맞는 등 명확한 이유가 있다면 짝사랑은 그만두는 게 좋아요. 그런데 시기가 안 맞아서 그런 것 같다, 저 사람과 마음이 통한 것 같은데 상대가 뭔가를 준비하고 있거나 지금 이성 친구가 있어서 안 되는 것 같다, 그러면 굳이 포기할 필요는 없습니다.

짝사랑을 하며 주의해야 할 것은 자기 비하와 우울증에 빠지는 순간입니다. 자존감을 잃으면서 사랑이 점점 증오로 바뀔 위험이 있습니다. 세상에 대한 냉소로 변질되고, 결국 사랑에 대한 자신감을 잃게 돼요. 사랑을 안 한다는 이들 중에 이런 사람이 있을 거예요. 짝사랑은 특별히 창피한 마음이 아님을 아는 게 중요합니다. 짝사랑은 당연한 거예요. 자신의 삶에 특별한 리듬을 갖게 된 것이고, 특별한 인연을 찾게 된 겁니다. 누군가를 생각하며 설레고 그리워하는 건 좋은 일입니다.

그런데 짝사랑을 창피하게 생각하는 건 사랑과 성을 권력 구조로 보기 때문입니다. 내가 누구를 짝사랑하면 저 사람이 나보다 위에 있다고 생각하는 것이지요. 그래서 문제가 생깁니다. 저 사람이 원하는 대로 내 모든 걸 다 바쳐야 할까요? 어떤 사람의 일방적인 사랑을 받으니 상대에게 아무거나 시켜도 무방하다고 생각한다면 오산입니다. 짝사랑을 해도 내가 가치 있고 존중받을 사람이라는 자존감을 스스로 무너뜨려선 안 됩니다. 그게 진짜 사랑이에요.

저는 짝사랑이 엄청난 행운이라고 생각합니다. 여기 짝사랑을 하는 사람 한 명과 열 명에게 고백을 받은 사람이 있다고 해 보지요. 어떤 사람이 더 좋을까요? 당연히 열 명에게 고백 받은 사람이겠죠. 그런데 달리 생각해 보면 짝사랑을 하거나 열 명에게 고백을 받거나 결국 만나는 건 한 사람이에요. 열 명에게 고백을 받으면 과연 진짜 가슴 떨리는 한 사람을 만나게 될까요? 알 수 없죠. 반대로 짝사랑하는 사람은 상대가 내게 오기를 진정으로 바라고 좋아하는 마음으로 바라봅니다. 그래서 진짜 사랑으로 이루어질 확률이 더 높습니다. 결국은 진짜 사랑을 만나서 행복하게 사는 사람이 '위너winner'입니다.

그리고 짝사랑은 매우 효율적이에요. 시간도 돈도 적게 들고, 작은 것으로도 큰 희열을 느낍니다. 바라보기만 해도 사랑과 인생에 대해 내공이 쌓입니다. 짝사랑을 많이 하는 것도 인생에 유익이 됩니다.

●● 짝사랑을 이루려면

짝사랑을 이루는 방법이 있습니다. 추상적이라고 생각하실지 모르지만, 간절히 발원發願하면 이루어질 가능성이 높습니다. 그 발원은 욕심과 다른 것입니다. 욕심을 상대를 소유하고 싶은 마음으로 본다면, 발원은 자기로부터 벗어나서 더 큰 인연의 장을 여는 것입니다. 나와 상대를 고정해서 그가 나에게 오기를 바라는 게 아니라 내가 사랑이라는 사건 속으로 들어가고 그가 생명력을 가지고 번영하기를 바라는 간구입니다.

진실한 사랑을 이루는 커플은 인내의 시간을 거친 이들입니다. 사실 짝사랑을 꾸준하게, 간절하게, 용기 있게, 결단력 있게 하는 경우는 많지 않습니다. 요즘 남자들의 경향은 짝사랑한다고 하면서 상대가 자신을 안 좋아하는 것 같다 싶으면 금세 포기하는 것을 쿨하게 여깁니다.

이외수 작가의 청혼 이야기를 들어 본 적 있나요? 이외수 작가의 부인은 미스 강원 출신의 미인이었습니다. 당시 이외수 작가 스스로 묘사하기를 자기는 빈털터리 거지 작가였다고 합니다. 그런데 이렇게 말했대요. "당신은 어차피 저를 좋아할 겁니다. 그러니 지금부터 저를 만나는 게 어떻겠습니까?" 미친 자신감이었지요. 이외수 작가의 그 어마어마한 자존감은 상대를 꼬시려는 허풍이 아니라 작가님 본연의 것입니다. 그래서 자신 있게 이야기할 수 있고, 상대방도 그 말에 넘어올 수 있었던 것이지요.

자존감을 누그러트리지 않는 짝사랑을 해 보세요. 꾸준하고 용기 있고 간절한 짝사랑은 인생에 꼭 필요한 경험입니다. 상대방을 소유하려는 게 아니라 그 사람이 진심으로 잘되기를 바라는 마음으로요. 그러면 짝사랑이 이루어질 것입니다. 오랜 인내와 기다림이 필요해도 포기하지 마세요.

존 레넌이 이런 말을 했습니다.

"매일 나는 신에게 감사한다. 네가 내게로 온 것을, 운명이 우리 영혼을 맺어 준 것을. 내가 태어난 건 너를 만나기 위함이었고, 내가 어른이 된 건 너를 아내로 만나기 위함이었다."

어렵고 힘든 상황에서 이루어진 사랑은 서로의 마음이 이렇게 발원되었기 때문입니다.

●●● 이제 막 이루어진 사랑은

이제 막 사랑이 이루어진 시점부터는 어떻게 사랑해야 할까요? 사랑을 시작하면, 어떤 사랑을 해야 할지 고민이 됩니다.

첫째, 사랑을 희생으로 생각하는 관념을 바꿔야 합니다. 희생을 사랑의 미덕으로 생각해서 흔히 하는 생각이 '너를 위해서는 무엇이든 할 수 있어. 죽어도 좋아'인데요. 그런데 희생은 바라는 것이 없을 때 의미가 있습니다. 희생을 통해 무언가 바라는 순간, 희생이 아니라 거래나 종속이 되고 맙니다. 주인과 노예의 관계가 되는 것이지요.

《니체의 위험한 책, 차라투스트라는 이렇게 말했다》에 나오는 내용입니다.

> 어떤 이는 자신이 사랑하는 대상을 우상화해서 스스로 복종하는 노예가 되고, 어떤 이는 사랑이라는 명목으로 그 대상을 구속해서 노예로 삼는다. 이러한 구속은 희생이라는 아름다운 포장지를 뒤집어쓰고, 진정한 사랑이라는 영예를 얻기도 한다.

이러한 희생은 미덕이 아니라 불행의 씨앗이 됩니다. 이런 모습의 희생은 사랑을 끝내는 원인이 됩니다. 실연 이후 복수가 시작되지요. 내가 얼마나 잘해 줬는데, 내가 모든 걸 다 바쳤는데 하고 말입니다. 사랑은 희생하는 게 맞아요. 하지만 무언가를 바라는 희생은 파국을 맞습니다.

●● 소통하는 사랑인가

둘째, 사랑은 오래 참기만 하는 게 아니에요. 물론 인내가 필요하지만 억지로 뭔가를 꾹꾹 참기만 하고 지속적으로 견뎌 가는 모습이 사랑을 잘하는 건 아닙니다. 인내는 진심으로 소통하기 위한 목적을 가져야 합니다.

사랑은 삶 전체를 통째로 주고받는 겁니다. 자신의 문화, 사상, 정치, 가치관, 종교 등 모든 세계를 교환하는 겁니다. 어린 시절의 트라우마까지 함께 나눌 수 있어야 해요. 만나서 피상적인 이야기를 하는 게 아니라 밤새워 내밀한 이야기를 할 수 있다면 진짜 사랑을 하는 것이죠. 서로에게 삶 전체를 선물할 때 더 이상 '밀당' 같은 건 필요 없습니다. 상대가 이해할 수 없는 고집을 부려도 그 상대에 대해 모든 것을 알게 되면 '아, 저 사람은 저럴 수 있어' 하고 이해하게 됩니다. 그래서 사랑은 상대를 내 방식대로 바꾸려고 하지 않습니다. 반대로 서로의 세계를 부분적으로만 공유한다면 상대를 바꾸려고 합니다. 이해할 수 없다고 말하고, 그것이 상처가 되어 쌓입니다. 삶 전체를 통째로 주고받을 자신이 없다면 사랑은 지속될 수 없어요. 피상적인 이야기밖에 하지 않으니까요.

자본주의적인 사랑 방식에서 탈출하세요. 그 대표적인 것이 쇼를 하는 거예요. 전광판이나 스피커로 '사랑해!'라고 고백하고, 수백 송이 꽃다발을 주는 이벤트를 합니다. 고백도 화려하게 해야 하고, 타인의 눈에 띄어야 하고, 타인에게 자랑할 수 있어야 하는 건 쇼입니다. 타인에게 보여 주거나 타인의 눈에 좋게 보여야 하는 것이 왜 필요할까요? 자아와 자존감이 온전히 정리되어 있지 않기 때문입니다.

예전에는 사랑하는 사람의 집 앞에서 하염없이 기다렸습니다. 6개월 동안 엽서를 보내고, 종이학도 접었지요. 타인의 시선이 없는 곳에서 두 사람만의 서사를 만들어 고백한 반면, 요즘에는 쇼 이벤트를 해요. 쇼의 화려함이 감동의 크기이고 사랑의 크기인 것처럼 드러내고 싶어 하죠. 감동이 커지려면 돈이 많아야 해요. 그래서 돈 많은 사람에 대한 선호도가 덩달아 커져 있습니다.

타인의 시선을 의식하면 할수록 나의 내면은 비어갑니다. 이런 공허함을 탈피하려면 유치하기 짝이 없는 기념일을 챙기지 않는 것이 낫습니다. 밸런타인데이, 화이트데이 이런 거 하지 마세요. 날짜를 왜 세는 거예요? 이런 걸 챙기는 것 자체가 자본주의에 종속된 연애를 하고 있는 증거입니다. 여자 분들이 먼저 말해 주세요. 명품 가방 필요 없다, 기념일 챙기지 말자, 이거 모아서 기부를 하자고 제안해 보면 더 성숙하고 행복한 감동을 만날 것입니다.

●● 돈이 아닌 몸을 쓰는 사랑인가

셋째, 돈 쓰는 데이트 말고 몸 쓰는 데이트를 해 보세요. 요즘 데이트는 너무 전형적입니다. 밥 먹고 영화 보고 차 마시거나, 영화 보고 차 마시고 밥을 먹거나, 가끔씩 전시회를 보고 쇼핑하지요. 거의 모든 커플이 이와 비슷합니다. 사랑이 한 사람의 생명력을 불타오르게 해야 하는데 오히려 서로를 갉아먹어요. 돈도 없어지고, 애정도 줄어들고, 만나도 재미없고.

그보다는 걷기, 등산, 자전거 타기를 하면 상대방의 숨은 성격과 매력을 볼 수 있습니다. 땀에 전 지질한 모습까지 가까이서 보는 거죠. 화장이 지워지고 땀 흘리는 모습을 봤을 때, 향수 냄새가 아니라 땀 냄새를 맡을 때, 진짜 사랑이 싹틉니다. 체력이 약해서 못한다는 분도 있을 거예요. 그런데 그건 진짜 사랑이 아니에요. 진짜 사랑을 하면 몸에 에너지가 넘치죠. 밤을 새고도 만나러 갈 수 있어요. 그런 에너지가 없다면 상대를 별로 사랑하지 않는 것 아닌지 생각해 봐야 합니다.

상품을 주고받는 연애는 말리고 싶어요. 물론 선물도 중요하죠. 선물에는 삶의 이야기가 진심 어리게 담겨야 해요. 그렇지 않으면 쇼에 불과합니다. 사랑이 화폐 가치로만 치환되는 것을 원하는 사람은 없습니다. 선물에 이야기가 담겨 있지 않으면 점점 더 큰 화폐 가치의 선물만을 원하게 되지요.

동생과 캐리비언베이에 간 적이 있습니다. 동생이 여자 친구 선물로 무얼 살지 엄청 고민을 하더군요. 그러더니 거기에 있는 큰 소라를 주워서 전해 주었습니다. 저는 그 모습을 보면서 '돈 엄청 굳겠다' 했는데, 그 선물을 받은 동생의 여자 친구는 엄청 고마워하더라고요. 서사가 묻어 있는 선물이었기 때문이라고 생각합니다. 선물은 이렇게 해야 한다는 걸 알게 되었죠. 이런 사랑법에는 창의적인 에피소드가 넘칩니다. 남이 뭐라고 하는 게 중요한 게 아니에요. 둘만의 사랑법, 자신만의 추억, 이를테면 밤새 어딘가를 걷거나 새벽에 동해에 가서 일출을 같이 보는 등의 엉뚱한 시간을 공유하는 것이 좋습니다. 자본의 논리, 시장의 논리에서 벗어나는 겁니다. 그때 비로소 진짜 사랑을 하게 됩니다. 이런 추억을 자산으로 쌓기를 바랍니다.

존 레넌이 이런 말을 했어요. "나는 요코와 음악, 문학, 경제 등 문화에 대한 모든 이야기를 나눌 수 있다. 거기에 섹스까지 할 수 있다니, 이런 사랑이 또 어디 있는가." 삶 전체를 나눈다는 것이지요.

존 레넌과 오노 요코가 함께한 '베드 인Bed in 퍼포먼스'라는 것이 있어요. 신혼여행지의 호텔방에서 일주일간 둘이 침대 밖을 나가지 않았죠. 이 퍼포먼스에는 그들의 반전 메시지가 담겨 있어요. 전쟁이 끝났으면 좋겠다는 메시지를 전했고, 불후의 명곡 〈이매진〉을 지어 불렀어요. 긴 머리칼의 존 레넌은 전쟁이 끝나면 과감히 머리를 자르겠다고 했어요. 두 사람이 각자의 세계를 교환했기 때문에 그러한 창의적이고 독특한 방식의 사랑이 가능했을 것입니다.

●●● 이별은 어떻게 해야 하나

사랑이 끝나 버리면 어떻게 해야 할까요? 헤어진 후에 남은 사랑의 잔재들 때문에 고민하는 사람이 많을 거예요. 깊은 사랑을 하고 난 뒤 헤어지면 굉장히 힘들죠. 한용운 시인의 〈님의 침묵〉에 나오는 시구詩句입니다.

> 만날 때에 미리 떠날 것을 염려하고 경계하지 아니한 것은 아니지만,
>
> 이별은 뜻밖의 일이 되고 놀란 가슴은 새로운 슬픔에 터집니다.

대개 이별이 슬픈 것은 뜻밖의 일이기 때문입니다. 슬픈 감정이 몰려옵니다. 어쩔 수 없어요. 어떻게 이 슬픔을 넘길 것인지는 정리해 볼 필요가 있습니다. 물론 지금은 어떻게 사귈지가 고민이겠지만 어떻게 헤

어질지도 생각해 봐야 합니다.

꼭 기억해야 할 것은 고통과 불행은 다르다는 겁니다. 고통스러우면 불행한 거 아니냐고 생각할 수 있는데, 병에 걸리면 누구나 아프죠. 그런데 아프다고 해서 불행한 건 아니에요. 통증과 불행을 동일시하지 말아야 합니다. 아플 수는 있지만, 그렇다고 다 불행한 건 아닙니다. 그런데 자신이 아픈 걸 불행이라고 생각하기 때문에 불행해지는 거예요. 병을 병으로 받아들이면 삶의 일부가 되지만, 병이 불행이 되면 큰 아픔으로 다가옵니다.

노자의 《도덕경》 71장에 '성인불병聖人不病'이라는 말이 나옵니다. 성인은 병이 없다는 뜻으로, 그 까닭은 병을 병으로 알기 때문에 병이 되지 않는다는 것입니다. 고통을 고통으로 자연스럽게 인식하기 때문에 아무렇지 않게 받아들일 수 있습니다. 사랑하는 사람과의 이별 뒤에 고통이 오는 건 당연합니다. 그러니까 자연스럽고 당연하게 받아들여야 해요. 이 고통을 나의 것으로 인지할 때만이 혼란과 불행을 막을 수 있습니다. 사랑하는 사람과의 이별로 받은 고통을, 자연스럽게 치러야 할 고통으로 받아들이면 휴식이나 축복이 될 수 있습니다.

사실 삶의 여러 부분에서 맞이하는 고통에 대해 자연스럽게 수긍하면 불행이 덮쳐 와도 크게 요동치지 않고 지나쳐 갈 수 있습니다. 뜻밖에 해고당하거나 다니던 회사가 갑자기 부도날 수 있지요. 그런데 이런 불행이 시간이 지나 삶에 터닝 포인트가 될 수 있습니다. 지금은 헤어져서 마음이 아프겠지만, 최종적으로 좋은 사람을 만나는 과정에서 소중한 경험이 될 수 있습니다.

열흘 걸려 나을 병은 열흘 앓아야

아플 때 잘 대처하는 방법이 있어요. 진통제를 먹을 수도 있겠죠. 진통제를 습관적으로 먹거나 의존하면 병이 치유되지 않습니다. 마음의 병 역시 '나는 아무렇지 않아'라고 단언하고, 친구들에게 위로 받거나 텔레비전 드라마를 보면서 떨쳐내려고 지나치게 애쓸 필요는 없습니다. 동정과 위로 역시 그 병을 깊게 만들 수 있습니다. 열흘 걸려 나을 병은 열흘 앓아야 한다는 말이 있습니다. 사랑의 고통도 어설픈 위안이 아니라 깊이 사랑한 만큼 고통 또한 깊이 치러야 해요. 담대하게 받아들이게 되었을 때 다시 태어날 수 있습니다.

그런데 헤어지고 나서 억울하다는 느낌이 들 수 있습니다. 이 고통의 원인은 자기가 버림받았다는 데 있습니다. 차거나 차이는 주체는 따로 있지 않습니다. 인연의 시간이 어긋나면서 성사되지 않은 거예요. 만약 상대가 헤어지자고 하지 않았어도 결국 언젠가는 자신이 헤어지자고 했을 거예요. 헤어지자는 말을 먼저 했으면 내가 차는 입장이 됐을 테고 마음이 덜 아팠을 텐데, 하는 생각이 든 적 있을 거예요. 이별 통보의 말을 먼저 들으면 가슴이 아프지요. 하지만 그건 차인 게 아니라 그저 헤어질 때가 된 것입니다. 그런 면에서 나를 불행하게 만드는 건 나 자신입니다. 정확하게 말하자면, 자신이 사랑에 대해 인식하는 체계가 권력 구도일 때 이별에 대해서도 아프게 작용합니다.

지금까지 사랑의 시작부터 종말까지 훑어 봤습니다. 존 레넌이 죽고 나서 오노 요코가 이런 말을 했다고 합니다.

가끔은 그의 죽음이 꼭 꿈만 같아요. 현실에서 일어나지 않은 일처럼 느껴지죠. 그를 만나기 전까지 나는 그냥 내 자신이었어요. 하지만 그가 나에게 다녀간 뒤로 나는 나에게 이렇게 말하곤 했죠. 너는 변했어, 네 삶은 모두 변했어, 하고요. 존은 나를 감싸는 커다란 우산이었어요. 나는 아직도 그를 향한 감정이 살아 있는 것을 느낍니다. 나는 이제 그를 그리워하는 모든 사람을 사랑합니다. 혼자서 꾸는 꿈은 그저 꿈에 불과해요. 하지만 함께 꾸는 꿈은 현실이 됩니다.

연인의 죽음은 돌이킬 수 없는 이별이어서 엄청난 슬픔으로 다가옵니다. 하지만 진정한 사랑, 서로의 생명력을 충만하게 하는 사랑은 이렇게 헤어진 뒤에도 따뜻한 기억으로 남습니다. 어쩌면 가슴에 상처와 청소하고픈 감정만 남으면 진짜 사랑이 아닐지도 모릅니다. 아, 내가 저 사람을 사랑했지, 저 사람도 나를 사랑했지, 하고 그 사랑을 다른 사람한테 나눠 줄 생각을 하게 될 때, 진짜 사랑을 했다고 할 수 있습니다. 그렇게 아름다운 사랑, 진짜 사랑을 하시길 바랍니다.

Q&A 1
짝사랑이라서 더 아름답다

진짜 사랑을 해본 적이 있나요?

진짜 사랑을 한 적은 있죠. 저도 짝사랑을 많이 했어요. 제 강연에
실패 경험담이 많이 녹아 있습니다. 지나치게 자신을 작게 느껴서
사랑이 성사되지 않은 적도 있어요. 그런데 짝사랑이었기 때문에
사랑에 대해 많이 생각하고 더 아름답게 느끼게 되었어요.

Q&A 2
사랑의 결과는 스스로 감내해야

대표님은 사랑에 관심이 많고 열정이 많은데도 현재 여자 친구가 없다고
하셨는데, 왜 사랑을 못하고 계신지 궁금합니다.

말씀드린 것과 같은 맥락이지만, 과거에는 하나에 꽂히면 완전히
몰입해서 사랑하고 상대에게 깊이 빠지곤 했는데 지금은 좀 달라졌
습니다. 저는 지금 제가 가는 길의 시선과 방향이 비교적 정해져 있

는 편이지만, 아직 때가 오지 않았다는 생각이 들어요. 제가 가는 길에 같은 방향성을 가진 여자 친구를 사귀는 데는 어려움도 있습니다. 제가 마음만 먹는다고 되는 건 아니더군요. 나를 더 갈고닦아야하고 때가 차야 한다는 생각이 들어요. 같은 방향을, 같은 길을 가야한다는 말에 얼마나 공감하실지 모르지만요.

Q&A 3
창의적인 사랑법이 강렬한 추억으로 남는다

혹시 개인적인 사랑법 중에 추천해 주실 만한 것 있나요?

여러 경험이 있습니다만, 저는 대학 시절 여자 친구와 캠퍼스 잔디밭에서 밤새 얘기 나눈 기억이 있어요. 그 친구와 여덟 시간 정도 이야기를 한 기억이 강렬한 추억으로 남더라고요. 어떤 창의적인 사랑법이 있으신가요?

저희 커플은 서로의 자유를 존중해 주는 편이라서 남자 친구가 클럽에 간다고 하면 제가 옷을 골라 줘요. 거기 가 봤자 나만한 사람이 있겠느냐, 이렇게 세뇌시키면서요.

동헌

서로에 대한 불안, 의심 없는 멋진 사랑을 하고 계시군요.

Q&A 4
사랑을 오래 지키려면 공통의 관심사를 가져라

청춘

저희는 3년을 만났어요. 이 사랑을 오래 지켜 가고 싶은데 방법이 있을 까요?

동헌

저는 3년 이상을 만나 본 적이 없어서요.

결혼한 형들 중에 서너 살 된 자녀를 가진 분들은 좋은 부부 관계를 유지하고 있더라고요. 아이에게 사랑을 주고받다 보니까 계속 관계가 돈독해졌다고 해요. 꼭 애를 낳으라는 게 아니라 공통적인 관심을 갖는 것, 함께 좋아하는 것을 만드는 게 도움이 되는 것 같습니다. 요리나 그림 같은 취미를 같이 가지고 함께 실력이 상승해 가는 과정을 누릴 수 있고요. 선순환 효과가 일어나서 사랑이 더 커지죠. 저도 그런 사랑을 해 보고 싶은 소망이 있습니다.

Q&A 5
자신만의 사랑법을 찾아라

청춘

사랑에 대한 예로, 존 레넌과 오노 요코 이야기를 하신 이유가 궁금하고요. 또 사랑은 어떻게 보면 인간의 철학, 가치관, 사상과 함께 감성적인 부분이 많은데, 과연 방법론적으로 풀어갈 수 있는 건지 알고 싶어요. 그리고 자본에서 벗어나는 사랑을 하라고 하셨는데, 저 같은 경우는 연애를 좀 오래한 뒤 결혼 직전까지 갔다가 돈 문제 때문에 깨진 아픔이 있거든요.

동헌

처음에 제가 여러분에게 이상적인 사랑에 대해 여쭤봤죠? 제가 생각하는 이상적인 사랑이 존 레넌과 오노 요코의 사랑이에요. 물론 개인마다 다양한 판단이 가능하지만, 이 커플에게서 저는 삶을 교환한 사랑이라는 특이점을 발견했어요. 현실적으로 가능할지는 모르겠지만, 제가 꿈꾸는 사랑이 그러합니다. 이 커플의 그런 면을 닮고 싶고, 그렇게 꾸려가고 싶어요.

두 번째 질문, 사랑의 방법론적인 면은 어려운 부분이에요. 사랑에 대한 책들을 보면 고백하는 법, 마음을 사로잡는 법을 설명하지만 근본적인 사고나 전제에 대해서는 공통된 부분이 있다고 생각해요. 고백을 해서 성사된다고 해도 그게 과연 좋은가, 하는 생각을 해 보게 되죠. 제가 조금 더 개념적인 이야기를 해드린 측면이 있어요. 사실 저는 방법론적인 이야기에 해박하지는 않습니다. 각자에게 맞는 다양한 사랑법이 있잖아요? 살며시 손이 닿을 듯 말듯 스킨십을 한다, 이런 거요. 또는 문자나 톡을 보내 놓고는 잘못 보낸 척하고 말을 건다, 이런 귀띔도 있죠. 그렇지만 알아도 쓰지 못하더라고요. 내 방법이 아니니까요.

아이가 일어서서 걷다가 넘어지고 다시 일어섰다가 넘어지는 것처럼 사랑도 계속 연습해야 한다고 생각해요. 연애 칼럼니스트의 조언대로 따라 하는 건 무의미해요. 와인 잔을 어루만진다, 목덜미를 만진다, 이런 스킬들을 보고 노력할 수는 있겠지만 무엇보다 자기만의 방법을 찾는 게 중요하겠죠.

자본주의에서 독립하는 방법은 여러 가지가 있겠지만, 가장 대표적인 것은 도망가는 것입니다. 자본주의의 논리에서 독립할 수 있는 공력을 키우는 거죠. 공력을 쌓으려면 주변의 자본주의적 시선과 타인의 논리에 영향을 받지 않도록 본인의 내공을 쌓고 건강한 생각과 안전한 위치를 갖추어야 해요. 결혼할 때 주변에 손을 벌리지 않도록 경제적인 독립을 하는 게 필요하죠. 그러면 자기 의사 결정에서 중심을 잡을 수 있을 것입니다. 그렇다고 주변의 이야기를 듣지 말라는 건 아닙니다. 중요한 건 자신의 의지와 생각을 옮길 수 있는 힘을 갖춰야 한다는 것이죠.

성장,

바른 성장이란
무엇인가

◇◇◇◇◇◇◇◇

성장과 성공은 다릅니다.
성장은 어제의 나보다 나아지는 것입니다.
옆 사람이나 친구 등 주변 사람과 나를 비교하지 말고
어제의 나와 비교해야 합니다.

우리에게 필요한 것은

자신의 모습을 직면하는 용기,

피드백을 받아들일 수 있는

겸손한 마음,

성장하고자 하는 의지입니다.

●●● 성장이 꼭 필요한가

성장에 대해 여러 정의를 내릴 수 있겠지만 성장의 가장 중요한 정의는 '어제의 나보다 나아지는 것'입니다. 그 큰 범주 안에서 자기만의 정의를 내리는 게 필요합니다. 성장이 성공은 아닙니다. 옆 사람이나 친구 등 주변 사람과 나를 비교하지 말고 어제의 나와 비교해야 합니다. 한국 사람에게는 좀 어려운 개념일 수 있습니다. 왜냐하면 무언가를 해냈을 때, 주변 사람과 비교하면서 성공·성취하는 게 아니면 성장이라 하지 않는 관점이 있기 때문입니다.

성장에는 컴포트 존comfort zone, 그다음 러닝 존learning zone, 그 뒤에 패닉 존panic zone이 있습니다. 성장에 대한 질문에 답하기 힘든 것은 지금 내가 패닉 존에 있기 때문입니다. 그나마 대답하려고 노력하는 사람은 러닝 존에 있는 것이지요. 여기서 성장은 컴포트 존이 점점 확대되는 거라고 할 수 있습니다. 편한 영역이 점차 확대되는 것입니다.

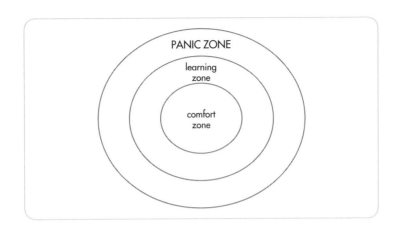

예를 들어, 대중 앞에 나와서 이야기하는 것을 몹시 힘들어하는 사람이 있다고 가정해 보지요. 그는 현재 패닉 존에 있습니다. 거기서 러닝 존으로 옮겨 가기 위해 강연을 연습하고 배워 보는 단계를 밟습니다. 대중 앞에서 얘기하는 게 수월해지면 컴포트 존으로 이동한 것입니다. 바로 이것이 성장입니다. 컴포트 존의 가치는 '자유'입니다. 점점 두려움의 영역은 줄어들고 자유롭게 되는 거예요. 어떤 사람에게는 비행기 타는 게 두려울 수도 있지만, 컴포트 존으로 들어오면 마음대로 외국에 갈 수 있는 자유가 생깁니다. 성장은 컴포트 존이 늘어남에 따라 자유가 늘어나는 것을 의미합니다. 이 성장이 왜 중요할까요? 이렇게 얻는 자유가 곧 행복으로 연결되기 때문입니다.

돈이 많으면 왜 좋을까요? 사고 싶은 걸 마음대로 살 수 있기 때문만은 아닙니다. 자유롭기 때문입니다. 컴포트 존도 마찬가지예요. 사유와 경험이 넓어질수록 자유로워지고 행복해질 가능성도 높아집니다. 결국 성장의 당위성은 자유로 연결되고, 이것이 행복으로 연결됩니다.

성장은 행복뿐만 아니라 성공을 낳는 시작점이기 때문에 중요합니다. 만약 어떤 사람이 강연자가 되는 게 꿈인데 '매월 얼마를 버는 강연자가 될 거야'라고 목표를 세우면, 성공을 향해 가는 것입니다. '나는 더 나은 강연자가 될 거야'라고 하면, 성장을 향해 가는 것이지요. 이렇게 다른 꿈을 가진 두 사람은 서로 다른 강연자가 됩니다. 성공을 꿈꾸던 사람은 강연료를 따지는 데 매몰됩니다. 얼마를 버는 강연자가 될 거야, 하고 생각하면서요. 그런데 어제의 나보다 나은 나를 목적으로 하는 강연자에게 성공은 자연스레 따라옵니다.

성장과 성공은 서로 연결된 퍼즐입니다. 성장을 하면 성공은 따라옵니다. 성장을 했다면 성공을 못해도 의미가 있습니다. 그런데 성공을 목표로 했는데 실패하면 나머지 시간의 의미는 사라집니다. 그러면 성공에 집착하는 사람이 원하는 결과를 얻으면 의미가 있을까요? 결과에만 집중하는 사람에게는 과정에서 얻는 중요한 가치가 상실되어 의미도 없어집니다. 성공만을 목표로 하여 달성 여부에만 관심을 갖다가 그 목표를 달성하기 위한 과정에는 별 의미를 두지 않았다면 다시 돌아봐야 합니다.

저는 마이크임팩트를 하면서 매출을 어떻게 끌어올릴까, 하는 고민보다는 어제보다 나은 회사를 생각합니다. 그래서 작년보다 20퍼센트 성장해야지, 하는 식으로 생각하기보다 그 과정을 중요하게 생각합니다. 이것이 우리의 성장이고, 그 안에서 성공은 자연스럽게 따라오는 것이란 확신이 있습니다. 성장을 목표로 하면 인생 전체가 의미 있고,

자신의 진정한 가치를 경험해 가는 과정에 집중하면서 현재를 봅니다. 반면 성공을 목표로 하면 미래에 저당 잡힌 삶을 살게 됩니다.

그래서 성장이 인생의 임무와 목표가 되어야 합니다. 바른 목표를 정하면 나머지는 따라온다는 믿음이 필요합니다. 꼭 성장해야 하느냐고 묻는다면, 저는 꼭 해야 한다고 답해요. 더 자유로워지고, 행복해지고, 성공할 수 있기 때문입니다. 저는 마이크임팩트를 하면서 그런 성장에 대해 많이 생각합니다. 그것이 성공에도 가까워지는 비결이기 때문이지요. 우리가 섭외할 수 있는 사람이 늘어나고, 함께할 수 있는 사람이 늘어나고, 사용할 수 있는 장소가 늘어나면서 더 자유로워졌습니다. 이것이 바로 성장이고, 이 성장이 곧 행복의 근원이 됩니다.

●● 어떤 성장을 해야 하나

어떤 성장을 해야 할까요? 내가 성장해야 할 분야를 어떻게 알 수 있을까요?

저는 오른쪽 그림에서 계단 부분이 성장이라고 생각합니다. 이 부분은 얼마나 많고 길어야 할까요? 그걸 알아야겠죠. 그런데 나 자신과 목표 goal 에 대해 명확하게 인식해야 계단의 개수와 길이를 가늠할 수 있습니다. 그때 성장의 방향성과 내가 이루려는 성장에 대해 알 수 있습니다. 결국 내 자신의 모습을 직시할 때만이 자신의 성장에 향해 갈 수 있습니다.

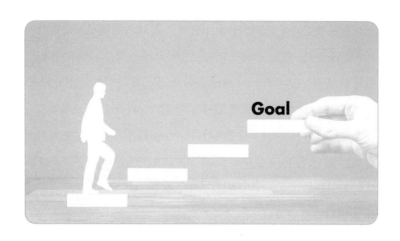

지금의 내 모습을 어떻게 알 수 있을까요? 혹시 보컬 수업 들어 본 적 있나요? 노래 실력이 느는 가장 좋은 방법은 녹음해서 자기 소리를 듣는 거예요. 영어 말하기도 녹음을 해서 내 발음을 들어 보는 것이 가장 좋은 학습법이지요. 예뻐지기 위해서는 셀카를 많이 찍어 보는 게 하나의 방법입니다. 필터링 없이 많이 찍다 보면 예뻐집니다. 이처럼 내 모습을 있는 그대로 인식할 수 있어야 합니다.

그러면 내 모습은 어떻게 알 수 있을까요? 저는 무조건 그냥 해 봐야 한다고 생각합니다. 잘되든 어설프든 일단 시작하고 보는 거죠. "Start before Ready." 준비되기 전에 시작하라는 이 말은 버진그룹 창업자 리처드 브랜슨Richard Charles Nicholas Branson 회장이 한 말입니다. 그래야 자신의 성공 포인트와 진정한 자기 모습을 알 수 있다는 것입니다.

마이크임팩트를 일단 시작하고 하나하나 경험하며 경험치를 쌓아 갔습니다. 고려대학교 화정체육관을 빌려서 일단 도전해 본 거죠. 당연히 예상치 못한 무수한 어려움을 겪었어요. 욕설 강연 파문으로 검색어 1위에 오르기도 했고, 준비가 미흡해서 부끄러운 적도 있었습니다. 그런데 이제 와서 생각해 보니 개념 없이 질렀던 게 유익했습니다. 그 무모한 발걸음이 성장의 시점을 앞당길 수 있었습니다. 일단 오픈하고자 한다면 완전히 노출하는 게 중요합니다. 노출하면 자기 모습을 정확하게 보게 됩니다. "Do! Open! See!" 마이크임팩트는 여러 프로젝트를 빠르게 시행하고 오픈하면서 짧은 시간에 장점도 단점도 보게 됐습니다. 회피하지 않고 직시하는 게 중요합니다.

●●● 애정 어린 피드백을 많이 받는가

제가 〈2011 청춘페스티벌〉의 사회를 봤을 때입니다. 목걸이 하고, 머리 볼륨 높이고, 하늘색 바지에 징 박힌 신발을 신고 사회를 봤습니다. 과하게 차려입고 나갔지요. 당시 제 옷차림에 대해 말이 많았어요. 저는 우리 멤버들이 제 패션 센스를 이해하지 못한다고 생각했어요. 그런데 제 옷차림에 대한 말이 꾸준히 나왔고 외부 사람들도 언급했어요. 처음에는 부정적인 평가를 받아들이지도 이해하지도 못했습니다. 그러다가 점차 애정과 관심으로 해 주는 피드백은 성장하는 데 필요한 자양분이 된다는 것을 깨달았습니다.

서로 애정을 가지고 있다는 전제 아래 명확한 피드백이 가능하고 그로 인해 성장할 수 있습니다. 투명한 피드백, 애정 어린 피드백을 해 주는 사람이 많으면 많을수록 성장의 자양분이 됩니다. 가족이든 친구든 말이에요. 그렇지 않으면 사람들 앞에서 위축되고 부정적인 평가에 민감해지면서 성장하기 어려워지지요.

일단은 주변에 피드백해 줄 사람을 많이 두는 게 중요합니다. 그리고 애정 어린 피드백을 받았을 때 이에 동의할 수 없어도 받아들일 수 있는 사람이 되어야 해요. 투명한 피드백을 받고 자신의 모습을 점검하는 데에는 용기가 필요합니다. 좀 어색하고 못마땅해도 받아들일 수 있는 용기를 지닌 사람만이 성장할 수 있습니다. 그래서 자존감이 좋은 친구들이 잘 성장합니다. 낮은 평가를 받아도 높은 자존감 때문에 크게 좌절하지 않지요. 도리어 용기를 내어 문제를 수정하고 성장해 갑니다.

우리에게 필요한 것은 '자신의 모습을 직면하는 용기' '피드백을 받아들일 수 있는 겸손한 마음' '성장하고자 하는 의지'입니다. 자신의 모습을 더 많이 노출하고 똑바로 보려고 노력해 보세요. 그러면 어떤 성장을 해야 할지 눈에 보입니다.

●●● 어느 방향으로 성장해야 하나

어느 방향으로 성장해야 할까요? 어제의 나보다 오늘의 내가 나아야 한다는 건 알겠는데, 그 성장이 어디를 향해야 좋은 것인지 결정하기가 어렵습니다. 무조건 성장만 하면 될까요?

〈세상을 바꾸는 시간, 15분〉에 출연한 적이 있습니다. 녹화된 화면을 보니까 제 언어 중에 '정말'이란 말이 과하게 나온 것을 발견했습니다. '정말'이라는 말을 습관적으로 많이 쓰면 논리에 가짜를 숨겨 놓은 것처럼 보일 수 있어요. '정말'이라는 말이 연속적으로 자주 나오는 것을 고쳐야겠다고 결심했습니다. 성장해야 할 부분을 정한 것이지요.

어디로 성장해야 할지 모르겠다 싶으면 우선 친구들한테 물어보세요. 우리 마이크임팩트 멤버들 몇몇이 저한테 공감 능력이 떨어진다는 말을 했어요. 그래서 저는 공감에 대한 책도 읽고, 드라마도 많이 보려고 나름 노력했습니다. 이러한 평가가 성장의 방향성을 알려줍니다.

'모방'도 성장의 한 방법입니다. 예능 독주 프로그램 MBC 〈무한도전〉의 인기에 타 방송국 예능국장은 "뭐든 만들어 봐" 했겠죠. 그래서 만들어진 후발주자가 KBS 〈1박2일〉입니다. 처음에는 이 프로그램이 욕을 많이 먹었어요. 리얼리티 예능에 여행이라는 콘셉트가 더해졌지만 〈무한도전〉을 따라한다는 비난을 들었죠. 그다음 SBS에서 〈패밀리가 떴다〉를 시작했어요. 역시 욕을 먹었죠. 〈1박2일〉을 따라했다고요. 그런데 시간이 지나고 나니 사람들은 이 프로그램 안에 있는 개성에 매력을 느끼면서 더 이상 거부감을 표하지 않았습니다.

초기에는 모방한다고 비웃음을 받더라도, 나중에는 그 기억을 넘어서는 반전이 일어날 수 있습니다. 어쩌면 모방은 성장의 방향을 빠르게 결정하는 방법이 됩니다. 그래서 닮고 싶은 모습을 빨리 찾을 필요가 있습니다.

어떤 이의 삶을 봤을 때 따라하고 싶다는 생각이 들면 얼른 따라해 보는 거예요. 단 누구나 따라하는 것 말고 자신만의 부러움이 드는 어떤 지점을 찾아야 합니다. 내 가슴을 뛰게 하고, 내가 닮고 싶은 어떤 한 지점 말이지요. 외적 성공을 좇지 말고, 화려한 성공 없이도 저렇게 살고 싶다 끌리는 모델을 찾아야 합니다. 여기서 롤모델이 탄생합니다. 롤모델이 있는 사람은 조금 더 빨리 성장할 수 있습니다. 누군가에게 가슴 떨리는 자극을 받으면, 캡처해서 휴대폰에 저장해 두세요. 모방하고픈 이미지를 가까이 두고 보면서 따라하다 보면 더욱 빨리 성장할 수 있습니다.

●● 첫걸음만 잘 내딛자

앞에서 저의 롤모델로 언급한 버진그룹의 리처드 브랜슨 회장은 영국의 스티브 잡스 Steve Jobs 라고 불리는 성공한 기업가입니다. 그런데 제가 이 사람에게서 닮고 싶은 모습은 '또라이' 같은 기질, 다시 말해 다른 사람들 시선에 신경 쓰지 않고 자신의 개성을 마음껏 표출하는 모습입니다. 그런 특유의 기질을 사업에 담아내는 걸 보면서 저도 그 부분을 닮기 위해 노력했습니다. 기업가로서 성장의 포인트를 잡는 데 브랜슨 회장이 도움이 되었습니다. 제게 나침반 같은 역할을 해 준 롤모델입니다.

물론 따라한다고 당장 내가 그 모습처럼 되지는 않아요. 모방 자체가 나를 움직이게 하는 힘은 되지 못합니다. 다만 내가 가야 할 방향을 제시해 주지요. 내가 정한 롤모델이 나의 방향이라고 할 수 있습니다. 그 모습에 한 발 한 발 다가가는 방법을 찾게 되고, 그러다 보면 성장할 수 있게 됩니다.

성장의 방향성에 대해 제가 느낀 건 한 치 앞도 보이지 않는다는 거예요. 낯선 경험이니까요. 그래서 우리가 집중한 건 첫걸음만 잘 내딛자는 거였습니다. 첫걸음을 내딛으니 두 번째 걸음이 보이더라고요. 이런 식으로 다음 걸음이 보이고 그만큼 또 움직일 수 있었습니다. 이제는 3개월, 6개월, 다음 해까지 계획을 세울 수 있는 성장을 이뤘습니다.

두려워하지 말고, 방향만 정하고 일단 한 걸음을 내디뎌 보세요. 처음에는 안개 속에서 헤드라이트를 켜고 가는 느낌이지만 점차 안개가 걷히면서 시야가 확보될 것입니다. 일단 첫걸음부터 시도해 보는 게 중요합니다.

●● 어떻게 해야 성장할 수 있나

《드래곤볼》에 '정신과 시간의 방'이라는 공간이 나옵니다. 그 방에 들어가면 열흘 동안 있어도 실제로는 하루밖에 안 지나요. 바로 시간이 축약되는 곳입니다. 저는 이 수련장소를 보고 하루를 한 달같이 살면 되겠구나, 했습니다. 짧은 기간에 많은 경험을 하면 내공이 쌓이겠다고 생각한 거죠.

시간의 농도를 진하게 만들면 짧은 시간에 많은 경험을 할 수 있습니다. 의지적으로 다양한 경험을 해 보는 것입니다. 그래서 경험의 총량을 증가시키면 시간의 농도가 진해지고 성장할 수 있겠다는 철학이 가능합니다. 시간과 정신의 방에서는 죽기 직전까지 수련합니다. 한 알만 먹어도 배부르고 상처가 회복되는 신기한 선두콩을 먹어요. 그 콩을 먹고 다시 죽기 직전까지 수련해요. 그리고 또 선두콩을 먹습니다. 저는 여기서 핵심을 발견했어요. 죽기 직전까지 견디는 것! 그렇구나. 죽기 직전까지 수련을 해야 성장하는구나, 하는 생각이 들었죠.

저는 롤플레잉 게임 Role Playing Game, 플레이어가 게임 속 주인공이 되어 주어진 역할을 수행하면서 퍼즐을 풀어 가는 방식으로, 스토리를 중심으로 전개되며 주인공이 성장하는 특징이 있다 을 많이 했거든요. 레벨업 하려면 어떻게 해야 하죠? 경험치를 쌓아야 합니다. 이걸 노가다라고 해요. 싸우고 돈 모으고, 싸우고 돈 모으는 것을 반복합니다. 밤을 새워야 가능하죠. 그래야 레벨업이 되어 게임 능력이 성장합니다.

저는 게임에서 성장의 속성을 발견했습니다. 성장의 그래프는 계단식입니다. 성장의 총량이 정해져 있고, 갑자기 어떤 단계에서 성장을 이루어 갑니다. 이러한 계단식 성장에서는 훈련이 필요합니다. 정신과 시간의 방을 견디지 못하고 나가는 사람은 성장하지 못합니다. 인고의 시간을 견딘 사람만이 성장할 수 있어요. 버티는 힘이 큰 사람은 그만큼 성장하게 됩니다.

세계적인 심리학자 안데르스 에릭슨 Anders Ericsson 박사는 자기 분야에서 최정상에 오른 사람들을 연구하여 그들의 놀라운 성공 이면에는 아주 오랜 기간의 노력이 있었다는 논문을 발표했습니다. 이 논문의 내용이 '1만 시간의 법칙'이라는 이름으로 말콤 글래드웰에 의해 인용되었지요. 에릭슨 박사는 《1만 시간의 재발견》에서 올바른 방법으로 집중, 피드백, 수정하기 등 질적인 연습 시간을 통해 우리의 능력을 발전시킬 수 있다고 했습니다.

제가 컨설팅 회사에서 근무할 때 주어진 업무는 숨 쉴 틈 없을 만큼 감당하기 벅찬 양이었습니다. 매일 자정 넘어 퇴근했고 보고할 안건이 있으면 새벽 서너 시까지 일했습니다. 거의 모니터 빛을 햇빛 대신 보며 지냈고 주말에도 수시로 출근해야 했습니다. 그런데 이렇게 과중한 컨설팅 업무를 2년 정도 해내면 탁월한 능력자가 됩니다. 특별한 비법 때문이 아닙니다. 축약해서 일을 하기 때문입니다. 일을 하거나 책을 읽거나 공부를 하거나 예술을 하거나 마찬가지라는 생각이 듭니다. 어려운 시간을 견디면 반드시 성장하게 됩니다. 그래서 현재의 시간을 버틸 수 있는 힘을 갖추는 것이 매우 중요합니다. 저는 그렇게 인내의 가치를 십분 이해할 수 있었습니다.

●● 시행착오를 견디는가

성장의 진리라고 하면, 근육 운동을 예로 들어 설명할 수 있습니다. 근육이 어떻게 발달하는 줄 아세요? 자신의 근육이 감당할 수 있는 한계를 넘어서는 힘을 계속 가하여 찢는 거예요. 그래야 근육이 탄탄하게 생성됩니다. 아픈 만큼 성장한다는 말은 근육 운동에 꼭 해당됩니다. 마찬가지로 성장을 하려면 몹시 아픈 과정이 필수적으로 따릅니다.

아픔의 정의를 생각해 보세요. 언제 아픈가요? 실패했을 때, 두려울 때, 창피할 때 아픕니다. 저는 시행착오의 순간이라고 생각해요. 이 시행착오로 심한 아픔 뒤에 크게 성장합니다. 저는 여기서 진리를 찾았어요. 시행착오를 많이 하고도 마음이 안 아프면 좋겠다는 생각은 미숙한 오류였죠. 자아를 분리해서 합리적으로 받아들이면 어떨까 하는 지혜를 구했습니다. 점점 시행착오에도 담담할 수 있는 마음이 생겼습니다.

마이크임팩트 초창기에는 강연자를 섭외할 때마다 거절과 무시를 당하기 일쑤였습니다. 마이크임팩트라고 하면 마이크로소프트냐고 묻고, 심지어 마이크 파는 회사냐는 사람도 있었습니다. 그때 절대로 마음 아파하지 않겠다고 스스로 다짐했어요. 근육 운동과 비슷해요. 처음 트레이닝을 시작하면 온몸이 쑤시고 아프지만, 건강해지기 위한 과정으로 여기고 받아들이면 근육이 성장합니다.

통증을 무시하고 계속 근육에 힘을 가하다 보면 어느 순간부터는 즐기는 여유까지 생깁니다. 왜 그런 줄 아세요? 근육이 만들어지는 것을 믿기 때문입니다. 근육이 더 아프고 더 찢어질수록 내일은 이전에 없던 근육이 생길 거라는 기대감이 있습니다. 거듭되는 좌절에 자존감이 무너질 때, 내일은 더 성장한다는 믿음이 견딜힘을 공급합니다.

●● 한 번 더 해 보는가

헬스클럽에서 퍼스널 트레이너가 하는 역할이 무엇인지 아세요? 부추기는 것입니다. 조금도 못 견딜 한계상황에서 "다섯 번만 더!"라고 말합니다. "할 수 있어요, 할 수 있어요" 하면서 부추깁니다. 죽을 것같이 힘들지만 죽지는 않습니다. 힘들 때 멈추면 근육이 발달하지 못합니다. 그 한계상황에서 다섯 번을 더 해야 발달하는 거예요. 우리가 죽겠다 싶을 때는 사실 죽지 않습니다. 조금 더 견디면 성장할 수 있는 타이밍입니다.

제가 마이크임팩트를 하면서 성장한 핵심은 거센 고통의 연속이었습니다. 점점 자연스럽게 감당해 가는 법을 현장 속에서 터득하면서 파도가 덮쳐 올 때 흔들리지 않게 되었습니다. 자신의 상황을 스스로 만들어 가야 합니다. 피가학적인 해결책으로 보이겠지만, '아프고 고통스러울수록 나는 성장할 것이다'라고 믿어야 합니다.

지금 계속 의미 없는 삽질을 하는 것 같고 아무 성과도 보이지 않을 때 무엇이 바뀌나요? 아무 성과가 없을지라도 삽질한 그 사람의 몸은 좋아지겠죠. 그래서 땅을 더 깊고 능숙하게 팔 수 있습니다. 삽질해도 우물을 얻지 못할 수 있습니다. 그래도 '삽질 총량의 법칙'이 있습니다. "실패하겠지만 계속 노력해"라는 말은 잔인해 보이지만 실패하더라도 삽질을 계속하면 우물이 터지는 순간을 분명히 맞이할 것입니다. 물론 우물이 안 터질 수도 있어요. 이를테면 같은 삽질을 반복할 때, 즉 같은 실패를 반복할 때 그러합니다. 원인을 분석하고 수정하면서 '삽질 총량의 법칙'을 믿고 계속 실패하면 어느 수준의 실패가 쌓인 뒤 반드시 성공에 도달할 것입니다.

●● 실패를 동력으로 삼는가

같은 경험을 해도 성장하는 사람이 있고, 성장하지 못하는 사람이 있습니다. 이 둘의 차이는 무엇일까요? 바둑 실력을 빨리 향상시키는 법은 복기를 잘해야 한다고 합니다. 사람들이 둔 것을 보고 처음부터 다시 놓아 보면서 생각하는 겁니다. 복기를 하면서 앞으로 어떻게 해야 할지 새로운 수를 배우는 것이지요. 그런데 보통 사람들은 실패를 하거나 시행착오를 겪으면 그 기억을 머릿속에서 없애려고 합니다. 자기 인생에 부정적인 사건이 없었던 것처럼 만들고 싶어 하죠. 누구나 좋지 않은 기억은 지우고 싶거든요. 하지만 실패하더라도 눈을 부릅뜨고 그 순간을 기억하는 것이 성장의 지름길입니다. 떠올리고 직면해야 합니다. 이는 인간 본성에 반하는 행태입니다. 이별했을 때도 '저 사람은 나쁜 사람'이라고 생각하지 말고, 어떤 부분에 문제가 있었는지 하나씩 되새겨 보는 것이 필요합니다. 실패나 실연을 직시해야 성장할 수 있습니다. 큰 실패일수록 꼭 다시 돌아보아야 합니다.

제가 인생을 성장시키는 진리라고 생각한 말에, 류시화 시인의 책 제목이기도 한 "지금 알고 있는 걸 그때도 알았더라면"이 있습니다. 지금 알고 있는 걸 3년 전에만 알았더라도 잘못된 선택을 안 했을 텐데, 하는 후회를 겸허히 묵상합니다. 현명한 사람은 남의 교훈을 나의 교훈처럼 받아들입니다. 그런 사람들이 바르고 빠르게 성장하는 것을 볼 수 있습니다. 자기가 실패를 많이 경험하는 데는 한계가 있으니까요. 다른 사람의 실패를 내 성장의 동력으로 삼는 것이 크게 성장하는 데 도움이 됩니다. 그래서 저는 명사들을 만나면 성공이나 성장에 대해 묻지 않고 가장 힘든 순간에 대해 물어봅니다. 남의 성공이나 성장이 아니라 남의 실패를 통해 성장 메시지를 얻는 것이죠. 거기에서 중요한 영감을 얻을 수 있습니다.

●●● 체화된 자산이 있는가

저는 친구끼리 동업하지 말라는 말을 수도 없이 들어왔습니다. 하지만 친구와 동업하여 마이크임팩트를 시작했습니다. 결국 친구와 계속 가지는 못했습니다. 수많은 선배의 경험에서 학습된 조언이지만, 직접 경험해 보기 전에는 잘 받아들이지 않습니다. 저 역시 후배들에게 친구와 창업하지 말라고 조언하지만, 대부분 친구들과 쉽게 창업합니다. 계속 반복되는 거죠. 이처럼 다른 사람의 경험에서 배우는 건 쉽지 않습니다.

어머니들이 이런 말씀을 하잖아요? "너 같은 자식 낳아 봐라. 그래야 알지." 그래서 우리가 경험하기 전에 어머니는 어떤 심정일까, 선생님은 어떤 심정일까 충분히 고민해 볼 필요가 있습니다. 기업에서 근무할 때 대표의 마음과 팀장의 마음을 헤아려 보는 것, 대표가 갖는 외로움은 무엇일까 생각해 보고 말 한마디에 위로를 담아 전한다면 다른 시선으로 보게 될 것입니다. 그러므로 어른들의 말과 나보다 먼저 실패한 사람의 말에 귀 기울이는 것이 중요합니다.

강연의 본질이기도 합니다만, 가장 빨리 배우는 방법은 가르쳐 보는 것입니다. 누군가를 가르쳐 보면 그 지식이 내게 더 확고히 쌓이는 것을 알 수 있습니다. 만약 어떤 것을 배우고, 깨달았다면 주변에 그 이야기를 나누고 가르쳐 보세요. 가르치고 공유하는 기회를 많이 가질수록 자기 지식과 논리로 체화되고 분명한 지적 자산으로 남습니다. 말에는 힘이 있습니다. 그래서 계속 말을 하다 보면 바라는 대로 변화됩니다. 자기 언어로 정리해서 공유하고 가르치다 보면 성장이 분명히 따를 것입니다.

●● 어떻게 하면 효율적으로 성장할 수 있나

마지막으로 효율적으로 잘 성장하는 방법입니다. 시행착오를 겪으면 직시하고 넘어가는 데서 그치지 말고 더 나아가 이를 통해 자신의 액션 아이템을 하나 만들어 보세요. 만약 말실수로 문제가 생겼다면 '5초 뒤에 말을 하자.' '생각을 좀 더 깊이 하고 말하자.' 이런 식으로 행동을 설정하는 겁니다. 교훈에서 끝내는 게 아니라 액션 아이템을 만들어서 습관화하면 변화가 일어납니다.

같은 이야기이지만, 성공이 아니라 실패를 통해 교훈을 얻는다는 건 이런 뜻입니다. 성공하면 자기가 잘한 줄 알고 스스로 교만해지다가 성장이 멈춥니다. 인간의 본질상 자연스러운 수순입니다. 그런데 실패하면 원인을 자신에게 돌리고 스스로 성찰하는 기회를 얻음으로써 자신이 변화됩니다. 그때 성장이 일어납니다. 성공하면 성장을 못하고, 오히려 실패했을 때 성장하는 것이 이 때문입니다.

●● 어디까지 성장할 수 있나

어디까지 성장할 수 있을까요? 이 질문과 연관되어 떠오르는 에피소드가 있습니다. 노홍철 씨가 한창 인기가 높을 때였습니다. 그를 섭외하기로 했지만 다들 가능할까, 확신이 없었습니다. 무작정 시도해 보았습니다. 그런데 결국 섭외가 이뤄졌습니다. 처음에는 불가능할 거라고 생각했는데, 적극적으로 두드려 보니 가능한 영역이 되었습니다. 지금은 강연자로 섭외한 분들과 형, 동생 할 정도로 친해진 분이 많습니다만 창업 초기에는 불가능한 영역이었습니다. 점점 가능한 영역이 넓어졌지요.

〈무한도전〉의 김태호 PD님을 섭외하려고 50번 정도 연락했습니다. PD님의 스케줄 상 불가능했습니다. 그런데 MBC 파업과 맞물리면서 김태호 PD님이 시간을 낼 수 있게 되었습니다. 지금은 마이크임팩트 고문을 맡아 주실 정도로 친밀한 관계가 되었습니다.

또 외국의 유명한 연사 분들을 초청해서 강단에 세우는 건 모두가 불가능하리라 예측했지만 세계적인 경제학자 제레미 리프킨Jeremy Rifkin 이 한국에 방문했을 때 우리에게 먼저 연락을 주어 강단에 모신 일화가 있습니다. 얼마나 놀랐는지 모릅니다. 내한 첫 강의를 마이크임팩트에서 한 겁니다. 다음 날 청와대 강연이 예정되어 있었는데, 우리 강연을 한 뒤 몸살이 나서 그대로 귀국하셨습니다. 이런 경험을 하다 보니 외국의 유명 연사도 초청이 가능하다는 꿈을 갖게 되었습니다.

제가 간절히 모시고 싶은 분은, 한국인이 사랑하는 작가 알랭 드 보통Alain de Botton 이었습니다. 계속 요청해 보긴 했지만 불가능할 거란 생각이 들었습니다. 그러다 2015년 1월 〈그랜드 마스터 클래스〉에 섭외할 수 있었습니다. 세계적인 명사를 직접 부른다는 건 꿈의 영역이었는데 도전하니까 이뤄졌습니다. 이제는 불가능을 생각하지 않습니다. 버락 오바마Barack Obama 를 어떻게 부를까, 오프라 윈프리Oprah Winfrey 를 어떻게 부를까, 생각합니다.

자신이 성장한 걸 어떻게 알 수 있을까요? 우리의 컴포트 존이 점점 커지면서 허무맹랑한 꿈을 계속 키우는 것, 그것이 결국 성장의 방증입니다. 어떻게 이루어야 할지 모르더라도 내 꿈의 크기가 결국 그릇의 크기라는 생각이 들었습니다.

마이크임팩트 초기 프로젝트로 고려대학교 화정체육관을 대관해서 1만 명을 모객할 계획을 세우고 결국 해냈습니다. 두 번째는 해운대에서 3만 명에 도전했습니다. 불가능할 줄 알았는데 역시 해냈습니다. 서울월드컵경기장에서 7만 명의 청중을 모으는 도전도 〈2015 청춘페스티벌〉과 〈2016 청춘아레나〉로 이루어 냈습니다. 불가능할 것 같지만 해 보기도 전에 결과를 속단할 수는 없습니다. 더 이상 쉽게 가능한 영역은 가슴을 뛰게 하거나 목표가 되지 않으니까요. 어떻게 될지 모르더라도 한번 해 보자는 마음으로 발을 내디디면 가만히 있을 때는 상상할 수 없는 결과를 이룰 수 있습니다. 내가 불가능하다고 생각하는 부분, 그 영역 중에서도 맨 끝에 있는 부분이 결국 성장의 목표 혹은 꿈이 되어야 합니다.

●●● 꿈의 크기와 한계에 도전하는가

농구 골대를 높이 달면 그만큼 더 높이 점프할 수 있는 가능성이 열릴 것입니다. 그런데 주목할 것이 있습니다. 골이 더 잘 들어갈 가능성, 즉 득점에 성공할 가능성이 아니라 더 높이 점프할 가능성이라는 점입니다. 성장할 가능성이죠. 성공하고 싶으면 골대를 낮추고, 성장하려면 골대를 높여야 합니다.

이렇게 꿈의 크기와 한계에 도전하는 것이 성장의 동력이 됩니다. 달리기를 예로 들어 볼까요? 육상 선수들은 기록이 세워지면 계속해서 현재 기록을 깨기 위해 달립니다. 그런데 실제로 선수들이 기록 경신을 목표로 한다기보다는 자신이 이제 더 좋은 기록도 가능하겠다는 생각으로 달립니다. 남이 한 걸 보고 '아, 나도 할 수 있겠다'는 목표를 삼은 것입니다.

자신에게 주는 가장 큰 선물은 어제의 나보다 더 나은 나입니다. 남에게 주는 가장 큰 선물 역시 어제의 나보다 더 나아진 내 모습입니다. 성장한 모습이 가장 큰 행복이고 선물입니다.

그런 의미에서 저는 곧 히말라야에 갑니다. 성장하기 위해서입니다. 한계의 극치를 한번 맛보고 싶다는 생각을 했습니다. 하루에 8시간씩 12일을 걸을 때 나는 어떤 모습일까, 저 세계적인 산에 오르면 어떤 영역을 보게 될까, 이전에 얻지 못한 성장을 맛본 나 자신을 만날 것입니다. 저는 이러한 도전과 성장이, 저 자신에게도 주변 사람들에게도 좋은 선물이 되리라 믿습니다.

Q&A 1
자존감은 자신의 온전함에서 높아진다

청춘

자존감을 어떻게 높일 수 있는지 여러 생각을 할 수 있는 강연이었습니다. 그런데 버티려고 노력하다가 너무 힘들어서 성장하지 못한 채로 실패할 수도 있지 않을까요?

동헌

한국 사회가 전체적으로 자존감이 낮은 것이 문제입니다. 쉽게 바뀌기는 어려울 것입니다. 시스템의 문제가 심각하니까요. 자존감 저하는 비교를 잘하는 문화가 팽배한 탓입니다. 나보다 나은 사람을 보면 열등감을 가지고 못한 사람을 보면 우월감을 가집니다. 자기만의 독특한 가치를 존중하며 자존감을 갖기 어려운 분위기가 만연해 있습니다.

그래서 우리 스스로 온전한 자기 모습을 찾기 위해 노력해야 합니다. 건강한 자존감은 자신보다 못한 사람을 보면서 형성되지 않습니다. 그건 자존감이 아닌 잘못된 사고방식이죠. 그리고 어렸을 때 사랑을 많이 받은 사람들이 상대적으로 회복 탄력성이 큽니다. 저도 예전에 누군가 저를 알아주면 기분이 좋았습니다. 보스턴컨설턴트에 다닐 때는 회사 이름만 얘기해도 사람들이 인정해 주어 좋게 평가받는 느낌을 즐겼습니다. 그러다 퇴사하고 나니 더 이상 외부에서 자존감을 찾을 수가 없더라고요. 그때부터는 저 스스로 자존감을 찾기 시작했어요. '아, 이걸 내가 만드니까 이런 게 생겼네' 하는 기쁨이 늘어갔습니다.

스스로 만들어낸 것을 통해서 자존감을 견고히 할 수 있습니다. 뭔가를 창조한다는 기쁨이 자존감을 높여 줍니다. 그리고 어제의 나보다 성장한 오늘의 나, 비록 큰 성장은 아니어도 거기서 자존감을 키울 수 있습니다. 그래서 성장을 많이 해 온 사람은 대체로 자존감도 높습니다.

무엇인가 목표를 정하고 애쓰며 노력하다가 그만두고 이탈하는 것을 실패로 볼 수도 있지만, '중도포기가 나쁘다'고 단정할 수만은 없어요. 그만뒀지만 내가 가야 할 길은 이전보다 선명하게 찾은 것이기도 합니다. 그래서 뼈저린 실패는 충분한 의미를 가집니다. 한 가지 현상에 대해 한 가지 관점으로만 평가받거나, 타인의 관점에서 일어나는 부정적인 평가에 따라 내 전부를 판단할 필요는 없습니다. 어떤 의미가 있는지 생각해 봐야 합니다.

제가 대학교 3학년 때 취업 전에 꼭 아프리카에 다녀와야겠다는 생각에 수단에 간 적이 있습니다. 내전이 자주 발발하는 위험 지역이었지요. 수단을 여행하면서 여러 불편함과 고통스런 시간에 직면하며 한국 사회의 기준에서만 형성된 제 세계관이 바뀌었습니다. 완전히 새로운 시각이 열리는 경험이었어요. 이제 저는 근심이 없는 곳에서 안위만을 누리고 사는 데 불편함을 느낍니다. 그래서 실패하더라도 계속해서 다른 시도와 탐험을 해야 직성이 풀립니다. 지속적으로 성장하면서 자존감을 높이고 싶다면 실패에 연연하지 않는 새로운 도전이 큰 도움이 될 것입니다.

Q&A 2
나만의 기준을 정하고 나아가라

청춘

가장 크게 실패했던 경험은 무엇인가요? 그리고 거기에서 얻은 액션 아이템이 무엇인지도 궁금합니다.

동헌

저는 실패 경험이 많은 편입니다. 제 이름이 한동헌입니다. 동쪽의 법이 되라는 뜻으로, 부모님과 조부모님의 의지가 담긴 이름이에요. 자연스럽게 저는 고등학교 시절 내내 법조인이 꿈이라고 썼어요. 뭣도 모르고요. 그런데 결국 재수를 하고 여러 고민을 거쳐 경영대에 진학했습니다. 저 스스로 선택한 첫 번째 길이었어요. 제가 제 삶의 주인임을 선포한 것이죠. 부모님 의견과 충돌해 크게 다투기도 했어요.

그러고 나니까 제가 잘 선택했다는 걸 분명하게 보여야 한다는 책임감이 들었습니다. 대학 졸업을 앞두고 부모님이 공인회계사 시험을 보고 금융업계로 가라고 했는데 저는 컨설팅 회사에 갔죠. 그리고 컨설팅 회사를 그만두고 사업을 시작할 때도 제가 삶의 주인으로 살아가는 선택을 했다는 점에서 의미 있는 결정이었어요.

제가 대학 진학할 당시 경영대는 인기 높은 학과가 아니었어요. 그런데 전공하면서 보니까 법대가 점점 평범해지더군요. 그리고 10년 후에 없어질 직업으로 공인회계사가 언급되기도 했죠. 또 컨설팅 회사에서 나오니까 컨설팅 무용론이 등장했어요. 그리고 창업 열풍이 번져갔죠. 이런 변화들을 지켜보면서 내가 꿈꾸는 걸 찾아서 계속 주체적인 선택을 해야겠다는 액션 아이템을 늘려 갔습니다. 그래야 시대의 유행과 상관없이 행복하고 좋은 결과도 얻을 수 있다는 확신을 갖게 됐습니다.

Q&A 3
삶의 경험은 목적인 동시에 수단

히말라야에 도전하신다는 게 참으로 놀랍습니다. 계속 새로운 도전을 하시는 이유와 그 원동력은 무엇인가요?

사실 저는 히말라야에 가는 것보다 이 '청춘의 질문'이 더 어렵습니다. 회사가 잘되는 것, 즉 성공도 중요하지만 그보다 중요한 건 멤버들의 성장이에요. 함께하는 사람들의 성장에 대한 가치와 믿음에 전부를 걸 의지를 가지고 있습니다.

삶의 경험은 목적인 동시에 수단입니다. 그런데 그 수단은 제가 만들어 가는 거예요. 주어진 삶의 과제도 복잡하고 어렵지만, 그 과제를 제가 억지로라도 만들고 이행하고자 합니다.

왜 그렇게 피곤하게 사느냐고 묻는 분들이 많아요. 뭐 하러 그렇게 사냐고들 하시죠. 주변의 그런 조언을 이해하지만, 그 사람의 관점일 뿐이에요. 저한테는 새로운 도전이 즐겁고, 행복한 중독성마저 있어요. 그 안에서 세상을 바꿀 수 있는 선한 가치들을 발견하며 계속 가는 겁니다.

Q&A 4
진짜 하고 싶은 것을 찾아라

청춘

아까 한 발 내디디면 두세 발걸음은 자연스럽다고 하셨는데, 저는 하고 싶은 게 너무 많아서 한 발짝 내디디면 또 다른 데 눈을 돌리게 돼요. 결국 계속 한 발짝씩만 나가고 있어요. 이렇게 한 발짝씩 나가면 결국 주춤하게 되는 건 아닌지, 그 안에서 우선순위를 정하거나 제가 꼭 가야 하는 성장의 길이 따로 있는 건지 궁금합니다.

동헌

정말 청춘의 질문이군요! 하고 싶은 게 없는 것도 문제인데, 하고 싶은 게 너무 많은 것도 문제가 되죠. 그런데 사실은 하고 싶은 게 많다는 데는 이런 부분이 있어요. 하고 싶다고 생각하지만 실은 외적 보상 때문에 하고 싶은 일도 있을 거예요. 유명해지니까, 돈을 많이 벌 수 있으니까 열망이 생긴 거죠.

굉장히 잔인한 질문이지만 "돈을 안 받더라도, 아무도 인정해 주지 않더라도 그 일을 할래?" 하면 "어, 당연하지"라고 대답할 수 있는 것이 진짜 하고 싶은 일이에요. 하고 싶은 다양한 것과 진짜 하고 싶은 것의 차이는 보상의 유무로 따져볼 수 있습니다. 남이 뭔가 멋있게 해 내는 걸 보면 나도 다 해 보고 싶어요. 그런데 진짜 하고 싶은 건, 잠자기 직전에 무의식중에 생각나는 거예요. 외부의 정보에 의해서가 아니라 내면에서 희망하는 것이죠. 눈을 감았을 때 자꾸 생각나는 것, 무의식중에 생각나는 것은 마음 깊이 원하기 때문입니다. 거듭 강조하지만, 이유가 없는 거예요. "저 사람을 왜 좋아해?" 좋아하는 데 이유가 없죠. 연봉, 키, 집안 배경 이런 거 아니고요. 그냥 좋아하는 겁니다. 직감에 의한 선택은 일이나 사람뿐만 아니라 모든 부분에서 활용될 수 있다고 생각합니다.

Q&A 5
슬럼프가 오면 슬럼프의 끝까지 가라

슬럼프가 오잖아요. 머리로는 슬럼프인 걸 알지만 헤쳐 나오기는 어려운데요. 어떻게 극복할 수 있을까요?

사람의 인생 곡선을 보면 항상 상승과 하강 지점이 있어요. 주식 동향을 보더라도 그래요. 한때 유명 기업 주식이 계속 하한가를 치던 때가 있었어요. 그때 저는 사야겠다고 생각했어요. 곧 바닥을 찍으면 더 이상은 내려가지 않고 올라간다는 기대감을 가질 수 있으니까요. 그래서 하한가로 향하는 걸 보면서 '내려갈 거면 빨리 가라. 빨리 최저가를 찍어야 올라가지' 싶은 거예요.

우리 인생도 마찬가지라고 생각해요. 슬럼프가 오면 자기를 더 슬럼프 끝으로 몰아세워 보는 겁니다. 차라리 슬픈 영화 찾아보고 울어 버리세요. 기분이 바닥을 치면 다시 올라오게 마련이에요. 우울할 때 무시하거나 억지로 기분 좋게 하려고 하지 말고, 차라리 감정을 끝까지 밀어붙이는 게 낫습니다. 분명히 다시 올라올 거예요. 결국 자신이 성장할 거라는 믿음만 있으면 됩니다.

Q&A 6
건강한 아픔을 즐겨라

청춘

운동을 시작했다가 아픈 게 싫어서 중단한 적이 있어요. 성장도 계속 아파야 하고 시행착오가 필요하다고 하셨는데요. 아픔과 시행착오를 분리하고 이 아픔이 끝나면 근육이 생길 거라 기대할 수 있지만, 그 순간에 아픈 건 사실이고 싫잖아요. 그걸 견딜 수 있는 방법이 있을까요?

좀 위험한 말일 수도 있는데 아픔을 즐길 수 있어야 해요. 사람은 아 픔에서 쾌락을 느끼는 감각이 있어요. 입원해서 주사를 계속 맞다 보면 어느 순간부터 주사 맞을 때 쾌감을 느끼게 되더라고요. 오늘 안 맞으면 허전하기도 하고요. 그것이 러닝 존에서의 아픔입니다. 약간 기분 좋은 아픔의 순간이 있어요. 패닉 존의 아픔은 너무 크죠. 그래서 자신이 약간 기분 좋은 정도의 아픔에 대해 알아 두는 게 좋 습니다. 어느 정도의 전류가 사람 몸에 흐르면 따끔해도 시원함을 느낄 수 있어요.

아픔의 크기를 조절하게 되면 유익한 점이 많아요. 견디면 분명히 성장합니다. 기분 좋은 아픔의 영역을 조절하고 즐기는 것이죠. 저 도 강의 전에는 늘 긴장하면서도 기분 좋은 떨림이 있어요. 그런 상 황을 만들어 가다 보면 오히려 편해집니다. 건강한 아픔이고 떨림 이기 때문에 즐길 수 있습니다.

성공,

진짜 성공이란
무엇인가

◇◇◇◇◇◇◇◇

성공이 삶에서 필요한 이유는
삶에 만족감을 주고
성장의 최종적인 목표점까지 갈 수 있게 하는
동력이기 때문입니다.

가치 있는 삶을

사는 사람이

성공한 인생이라고 한다면

이 가치가

목표가 되어야 할 것입니다.

●● 왜 성공해야 하나

성공에 대한 정의는 다양합니다. 랠프 왈도 에머슨_{Ralph Waldo Emerson, 미국 사상가}겸시인은 자주 웃고 많이 사랑하는 것, 똑똑한 사람들로부터 존경받고, 아이들에게 사랑받는 것, 그리고 현재 내 삶을 통해 단 한 명이라도 행복해지는 것 등으로 정의했습니다. 우리가 흔히 생각하는 성공의 정의와는 좀 거리가 있습니다.

사실 성공에 대해 이야기하기 전에 왜 성공해야 하는지 살펴볼 필요가 있습니다. 성공은 맛있는 치즈케이크나 아이스크림처럼 입에 답니다. 그래서 많은 사람이 성공을 좇습니다. 반대로 실패는 입에 쓰기 때문에 기피합니다. 바로 여기에서 성공의 재앙이 시작됩니다. 내적인 성공, 외적인 성공 다 포함해서 성공의 정점을 찍고 난 다음에는 내려오는 길밖에 없습니다. 연말에 연기대상, 연예대상 등 최고의 상을 받고 나면 다음 해부터 인기가 뚝 떨어지는 경우가 있습니다. 기업도 코스닥에 상장한 뒤 천천히 내리막길을 향하곤 합니다. 맹목적으로 성공을 좇으면 그런 수순을 밟습니다.

그런데 살면서 누구나 고등학교 입시, 대학교 입시, 취업 등에서 한 가지 이상은 성공했다고 이야기할 수 있습니다. 제가 고등학교 졸업할 때 대입수능을 아주 잘 치른 친구가 있습니다. 원래 공부를 아주 잘하는 친구는 아니었어요. 그런데 수능만큼은 누구보다도 잘 본 거죠. 당시 그의 수능 점수는 크게 성공한 사건이라 질투하는 친구들이 많았습니다. 누구나 알아주는 명문 대학의 법대를 갔죠. 그런데 그 친구는 아직도 고시공부를 하고 있어요. 과거의 성공이 현재의 성공으로 이어지지 않은 사례이지요. 반면 당시 대학을 못 가고 옷가게를 차린 친구는 지금 경제적으로 엄청난 성공을 거두었어요. 물질적 성공의 기준으로 보면 일찍 옷가게를 차린 친구가 수능을 잘 본 친구보다 성공했다고 할 수 있습니다. 이런 예를 보면, 우리가 생각하는 성공이 진짜 성공인지 다시 한번 돌아보게 됩니다.

●●● 자신만의 소명을 이루고 있나

우리 인간이 세상에 온 데는 각자 고유의 소명이 있다고 생각합니다. 자신의 소명을 이룬 삶이 결국 성공한 삶이라고 할 수 있습니다. 그래서 성공은 삶의 귀결점과 연결되고, 삶의 목표와도 연결됩니다.

또 하나, 우리가 삶의 과정에서 성공해야 하는 이유가 있어요. 흔히 열정이 있어야 성공한다고도 하잖아요? 그런데 오히려 성공해야 열정을 가질 수 있습니다. 우리가 열정을 갖고 일하는데 작은 성공을 만들지 못하면, 열정이 점차 사라지고 맙니다. 더 이상 자신을 이끌고 갈 힘을 찾지 못하게 되지요. 반면 삶에서 작은 성공들을 계속 이루어 가면 힘이 나서 계속 의지를 갖고 장애물을 넘을 수 있게 됩니다. 결국은 성공이 삶의 과정에서 굉장히 중요한 요소입니다. 성공이 삶에서 필요한 이유는 삶에 만족감을 주고 성장의 최종적인 목표점까지 갈 수 있게 하는 동력이기 때문입니다.

●● 성공이란 무엇인가

성공이란 무엇인가요? 우선 성공에 대해 이런 말이 있습니다. 10대는 성공한 아버지를 두었으면 성공, 20대는 학벌이 좋으면 성공, 30대는 직업이 좋으면 성공, 40대는 2차를 쏠 수 있으면 성공, 50대는 공부 잘하는 자녀가 있으면 성공, 60대는 아직 돈 벌고 있으면 성공, 70대는 건강하면 성공, 80대는 본처가 밥상을 차려 주면 성공, 90대는 전화 오는 사람이 있으면 성공, 100살에는 아침에 눈을 뜨면 성공이라고 합니다. 연령별로 이렇게 성공에 대한 정의가 다릅니다.

성공에 대한 사전적 정의는 '목적하는 바를 이룸'입니다. 그런데 그 목적에 대해 각자 다양한 기준을 갖고 있습니다. 성공의 비슷한 말은 성취, 일신, 출세, 반대말은 실패라고 명시돼 있습니다.

유튜브와 아프리카TV 방송을 진행하며 거액을 버는 사람이 있습니다. 한 달에 2000만 원을 벌어들인다면 성공한 것일까요? 많은 이들이 돈을 많이 벌면 성공했다고 인정합니다. 그다음으로는 명예를 꼽습니다. 높은 자리에 올라가면 성공이라고 생각합니다.

그런데 한번 생각해 보세요. 월수입 2000만 원이면 큰돈입니다. 그런데 만약에 월수입 2000만원인 사람이 한 달에 1억씩 버는 사람이 수두룩한 두바이 같은 곳에 살고 있으면 성공했다고 느낄까요? 만약 우리가 경쟁률이 치열한 시험에 패스한 것을 성공했다고 하면 나는 성공해도 다른 많은 사람은 실패한 거겠죠.

사실 이런 식의 성공은 많은 사람의 실패를 딛고 거두는 상대적인 성공입니다. 30평대 아파트에 사는 사람이 자기가 성공했다고 느끼는 것은 주변 사람들이 20평대 아파트에 살고 있기 때문입니다. 자기가 집을 사서 성공했다고 느끼는 건 친구들이 아직 집을 사지 못했기 때문이고요. 상대적인 성공은 우리가 보통 말하는 입신, 출세 등입니다. 그런데 이런 상대적인 성공은 상황과 조건에 따라 달라지기 때문에 지속적인 기쁨을 제공하지 않습니다.

●●● 내가 정의하는 절대적인 성공이란?

1960-70년대는 권력 유무가 성공의 잣대였습니다. 판검사가 되는 게 성공이었습니다. 그리고 경제 발전 시대에는 돈을 많이 버는 게 성공이었습니다. 그래서 당시 수재들은 대기업에 들어가 임원이 되기 위해 노력했지요. 요즘에는 저녁이 있는 삶을 성공으로 봅니다. 적당히 벌고, 가족과 여가를 보내면서 건강하게 사는 것을 성공한 삶이라고 여깁니다. 이제 우리는 기업의 임원진, 밤새 일하고 돈을 아주 많이 버는 사람

들을 크게 성공한 사람이라고 생각하지 않습니다.

우리가 성공이라고 말하는 대상이 사실 진짜 성공한 사람이 아닐 수 있습니다. 시대가 요구하는 성공, 상대적인 성공을 진정한 성공이라고 할 수 없습니다. 진짜 성공을 이루기 위해서는 반드시 자신만의 성공 기준이 있어야 합니다. 반대로 세속적인 성공을 하고 싶다면 이 시대의 트렌드를 읽고 시대의 결핍을 잘 채우면 된다는 뜻이기도 합니다. 저는 가까운 미래에는 어떤 시스템에도 매이지 않고 자유롭게 일하는 프리 랜서가 성공한 인생으로 각광받을 거라고 예측합니다. 남보다 적게 일 하면서도 생활할 수 있을 만큼 벌고 여가를 누리며 만족한 삶을 사는 인생이 성공의 기준이 될 거라고 생각합니다.

성공에 대한 확실한 자기 기준이 있다 해도 성공과 실패, 합격과 탈락이 분명히 정해진 경우도 있습니다. 아무리 교묘한 말로 치장해도 실패를 바꿀 수 없는 경우 말입니다. 그런데 이런 경우에도 실패가 꼭 실패가 아닐 수 있습니다. 〈슈퍼스타K4〉에 전 국회의원 강용석 씨가 나와서 예선에서 떨어진 적이 있습니다. 실패인가요? 1등이 목표가 아 니었을 거예요. 프로그램에 나와서 도전한 것 자체로 성공이었을 것입 니다.

생각해 보면 〈슈퍼스타K〉에서 1등을 한 친구가 무조건 잘되는 것도 아닙니다. 2등, 3등이 더 잘될 때도 있습니다. 1등이라고 좋아할 것도 없고 아니라고 슬퍼할 것도 없습니다. 그런 것에 연연하는 순간, 그 시 스템에 이용당하는 겁니다. 어찌 보면 이런 성공은 거대 자본이 규정한 프레임에 놀아나는 것인지도 모릅니다. 이런 사실을 깨닫고 나야 자신만의 성공 기준이 필요하다는 것을 알게 됩니다. 그래서 성공의 정의를 명확히 내리는 것이 중요합니다.

●● 누가 가치 있는 삶을 살았는가

저는 대학 졸업 후 컨설팅 회사에서 기업의 가치를 평가하는 일을 했습니다. 기업의 가능성을 평가할 때 어떤 자료를 볼까요? 상장 회사라면 시가총액을 자산으로 보고, 향후 10년간 기업이 낼 수익을 환산해서 평가합니다. 사람의 가치는 어떻게 알 수 있을까요? 우리가 아는 사람 중에 누가 가치 있는 삶을 살았나요?

　　－ 어려운 사람을 도와주는 사람

　　－ 크리스티아누 호날두, 축구에 있어서는 세계 최고의 능력자

　　－ 김구 선생님, 자기를 희생하고 대의를 위해 사셨으므로.

　　－ 아버지와 어머니, 가정이라는 큰 기적을 만드셨으므로.

　　－ 에디슨, 우리가 편하게 생활할 수 있게 한 발명가

　　－ 빌 게이츠, 우리 생활을 편하게 해 주었으므로.

위에 언급한 예처럼 가치 있는 삶을 살았다고 생각하는 사람이 성공한 사람들입니다. 이런 '가치 있는 삶'을 말할 때 지난 10년간 벌어들인 총액 같은 걸로 판단하지 않습니다. 제가 가치 있는 삶을 살았다고 생각한 사람은 우리 사회에 선한 영향력을 끼친 분들입니다. 기업의 목표

는 이윤 추구이기 때문에 그 가치는 주로 향후 10년간 벌어들일 돈으로 평가됩니다. 하지만 인간의 경우에는 다른 가치를 따지기 때문에 분명히 다릅니다. 가치 있는 삶을 사는 사람이 성공한 인생이라고 한다면, 이 가치가 목표가 되어야 할 것입니다.

그래서 우리가 성공을 말할 때 가치 있는 삶에 대해 생각해 볼 필요가 있습니다. 그래야 그게 돌고 돌아서 성공한 삶에 대한 기준이 되니까요. 이것이 제 성공 측정법입니다. 타인에게 얼마나 긍정적인 영향을 주느냐는 거죠. 성공의 기준은 각자 다르지만 저는 많이 소유하는 사람이 아니라 많이 줄 수 있는 사람을 성공한 사람이라고 봅니다. 부자도 다 같은 부자가 아니듯 누가 어떤 영향력을 갖고 있는지가 중요합니다. 저에게 성공에 대한 정의와 기준은 이것입니다.

●● 언제 가슴에 불이 켜졌는가

삶 속에서 성공의 정의를 찾는다면, 마음이 반짝하는 순간을 떠올려 보세요. 롤플레잉 게임을 하다가 막판에 왕을 깼을 때처럼 마음이 반짝하는 순간을요. 앞서 말씀드렸듯이 저는 대학 시절 새내기들 앞에서 처음 강연을 했을 때의 쾌감을 잊지 못합니다.

스스로 자기 인생을 돌아보면 성공과 성취의 순간이 있을 것입니다. 그러한 순간들 속에서 언제 가슴에 불이 켜졌는지가 중요합니다. 주변 사람들이 얼마나 축하해 줬는지는 중요하지 않습니다. 아무도 신경 쓰지 않았는데 내가 정말 좋았던 때가 있거든요. 바로 그때가 자신만의 성공 순간입니다.

바람이 말했습니다.

나의 성공은 있는 힘을 다해 부는 것입니다.

못이 말했습니다.

아무리 딱딱한 곳도 들어가는 것이 나의 성공입니다.

전등이 말했습니다.

어두운 곳을 밝게 하는 것이 나의 성공입니다.

당신의 성공 기준은 무엇인가요?

— 《광수생각》 (박광수)

스스로에게 물어보세요. 각자 자기만의 성공의 정의를 찾아야 합니다. 주변에서 찾는 게 아니라 자신의 가슴 깊은 곳에서 말입니다. '내가 이때 왜 희열을 느꼈지?' 떠올려 보는 거예요. 스스로 묻고 찾아낸 그 답이 삶의 성공 지표가 될 것입니다.

● ● 진짜 성공이란 무엇인가

저에게 진짜 성공이라고 할 만한 순간은 영어 토론 대회에 나갔을 때였습니다. 막상 토론에 참가해 보니 그곳에 모인 대학교 1, 2학년 학생들은 모두 네이티브 수준의 영어를 구사하고 있었습니다. 말하는 속도가

CNN 뉴스보다 빨랐습니다. 첫날 우리 팀은 야반도주라도 하고 싶었지만, 집에 가는 차가 끊겨서 어쩔 수 없이 대회에 참가했습니다. 예선에서 간신히 이겼습니다. 물론 그다음 토론에서 바로 떨어졌지만 저는 시도도 하지 않고 포기한 것보다 뿌듯함을 느꼈습니다. 다른 대회나 공모전에서 좋은 성과를 낸 적도 있지만 그때가 가장 감격스러운 순간이었습니다.

저는 결과에 상관없이 가슴 깊이 뿌듯함을 느낀다면 그것이 성공이라고 생각합니다. 마이크임팩트를 하면서 진짜 성공이라고 생각한 순간은 창업하던 그 순간입니다. 사람들이 어떻게 그렇게 유명하고 대우좋은 회사를 그만두고 나와서 창업을 결심했냐고 물었습니다. 그 말을 듣고는 제가 성공한 거라고 생각했어요. 이렇게 과정 중에 느끼는 성공이 진짜 성공입니다. 그리고 저는 성공을 향한 과정에서 자존감이 높아진다면 진정한 성공이라고 여깁니다. 작은 성공이 계속되다 보면, '아, 이건 내가 할 수 있는 영역이네' 하면서 자신감과 함께 성장하는 자신을 발견합니다.

그런데 외부의 기준에 맞추다 보면 성공해도 점점 위축되고 맙니다. 성공 여부에 대해 외부의 눈을 의식하여 판단하면, 표면적인 성공의 결과를 앞세워 자신의 실패를 감추는 경우가 생깁니다. 도전도 하지 않고 가식과 허위에 맞추는 것이지요. 자존감이 높아지면 실패에 대해서 편하게 말할 수 있습니다. 사람들은 인정해 주지 않아도 자신의 한계라고 생각되는 것에 의식적으로 도전해 갈 때 진짜 성공을 이루었다고 할 수 있고 자존감 또한 높아집니다.

저는 어느 기업이나 사람이 뜬다고 할 때 액면 그대로 믿지 않습니다. 시대의 변화 속도가 빨라지면서 성공의 등락이 너무 빨리 왔다가 사라지기 때문입니다. 이를테면 몇 년 전 스타 마케팅으로 크게 성장한 모 카페 체인의 성공도 마치 스타벅스를 밀어낼 거라는 기대감이 가득했지만 최근에는 해당 브랜드의 업주들이 큰 어려움을 겪고 있습니다. 이렇게 단기적이어서 지속 불가능한 성공은 진짜 성공이라고 보기 어렵습니다. 사람의 경우도 마찬가지입니다. 갑자기 확 뜨면 정상에 머무는 시간은 극히 짧습니다. 친구들의 성공을 봐도 한순간의 단면으로 볼 게 아니라 라이프 타임으로 봐야 합니다. 그럴 때 나 역시 삶에서 작은 성공이나 작은 실패에 일희일비하지 않을 수 있습니다.

끝으로 진짜 성공은 주변을 이롭게 하는 생명력을 가집니다. 본인만 성공하고 누리는 것은 진짜 성공이 아닙니다. 성공한 자산가 중에 지속적으로 이름이 등장하는 이들은 천문학적인 돈을 벌어서가 아니라 장학 재단 설립이나 기부 등의 사회 공헌으로 주변을 이롭게 했기 때문입니다. 돈을 많이 번 사람이라고 세상 사람들이 다 기억하는 건 아닙니다. 본인만 이롭게 하는 성공은 생명력이 없습니다. 성공의 열매를 세상과 나누어 이롭게 하면, 모두를 위한 성공이 되고 명성도 얻습니다.

성공의 정의에 대해 이야기해 봤습니다. 결과가 아닌 과정의 성공, 자존감을 높여 주는 성공, 장기적인 성공, 세상을 이롭게 하는 생명력 있는 성공 등이 성공의 핵심입니다.

●● 어떻게 성공할 수 있나 – 열정과 결핍

성공하기 위해서는 먼저 '열정'이 필요합니다. 또한 성공에 필요한 사그라지지 않는 열정은 '결핍'과 불가분의 관계입니다. 결핍은 열정의 중요한 동력입니다. 사실 꿈이나 목표가 절실해야 결과가 따릅니다. 결핍이 없으면 절실하지 않지요.

저는 고향이 제주도입니다. 대학 새내기 때 제주도에서 왔다고 하니까 "학교 다닐 때 조랑말 타고 다니냐?" "어머니는 해녀냐?"라고 물으며 제주도 방언을 해 보라는 거예요. 이런 말을 들으면 제가 제주도를 대표한다는 생각이 들고, 제주도에 대한 편견을 없애야 한다는 사명감이 생겼습니다. 성실한 모습으로 관계를 맺고 열심히 공부해야겠다는 생각을 했습니다. 학우들이 놀 때 충실히 학업을 이수하여 4년 전액 장학금을 받았습니다. 졸업할 때는 학교에서 제게 주려고 공로상을 만들기도 했습니다. 제 대학 시절의 학업에 대한 열정은 제주도에서 태어났다는 이유로 받는 편견이라는 결핍에서 나왔습니다. 물론 제주도 출신이 결핍 사유는 아닙니다.

창업도 그랬습니다. 다들 만류했지요. 드라마를 보면, 창업한 뒤 부도나서 집안 곳곳에 빨간 딱지가 붙는 장면이 나옵니다. 주변에서 창업 도전은 무조건 망한다고까지 했습니다. 그런데 그런 만류는 제게 엄청난 오기로 다가왔어요. 고등학교 때 친구들이 못생겼다고 놀리고, 키 작다고 놀려댔어요. 그래서 극복하려고 신경을 많이 썼고, 지금은 그 친구들보다 경쟁력을 갖추게 됐습니다. 저는 오히려 금수저를 물고 태어난 사람은 그렇지 않은 사람들보다 불리하다고 생각해요. 금수저는 타고난 행운이면서 자기 인생에 저주일 수도 있습니다. 누구나 한두 가지 정도의 결핍 요소를 가지고 있습니다. 이를 굉장히 좋은 동력으로 삼을 수 있습니다. 물론 부정적인 이미지로만 붙잡으면 트라우마가 될 수 있습니다. 제게 있는 결핍은 더 높은 경지로 갈수록 긍정적인 에너지로 바뀌었습니다.

창업 초기에 유명한 분을 강사로 섭외하는 일이 아주 어려웠습니다. 그런데 점차 가능한 영역이 되면서 어려운 일을 해결해내는 사람으로 부각되었습니다. 성공했다는 이야기도 빈번하게 들었습니다. 저는 그 성공이라는 평가가 생소하게 들렸습니다. 저는 성공하겠다는 목표를 두고 살지 않았으니까요. 불가능한 것 하나를 해내고, 또 불가능한 것 하나를 이루어 갔을 뿐입니다. 그러자 사람들은 성공이라고 부르더군요. 성장을 계속하면 어느 순간, 성공이라고 불린다는 것을 발견했습니다. 그래서 '저걸 해야지!' 하고 목표로 삼는 게 아니라 저는 성장을 목표로 움직입니다. 멈추지 않고 계속 성장해 간다면 그것으로 충분합니다.

히말라야의 안나푸르나 산 베이스캠프에 갔을 때입니다. 동행한 이들과 고산병을 감수하면서 미친 듯이 올라갔습니다. 하루 8시간씩 12일을 걸었습니다. 한 발 한 발 힘들게 나아갔습니다. 올라가서 아래를 딱 바라보고 동시에 위에 있는 세계의 지붕들을 본 순간, '저기 저 봉우리도 올라갈 수 있을 것 같지 않아?' '저기도 가고 싶지 않아?' 이런 생각이 드는 거예요. 베이스캠프까지 올라가고 나니까 프로 산악인의 도전 영역인 높은 산도 오를 수 있을 것 같은 무모한 생각이 든 것이지요. 성공이 8,000미터일 수도, 베이스캠프일 수도 있는데, 계속 조금씩 한계점보다 높은 곳으로 가다 보니 그다음에 어디로 가고 싶은지가 보였습니다. 그러다 보면 성공이라 불릴 수도 있는 것이지요. 하지만 한편으론 성공이라 불리는 데 의미를 두지 않고 그저 자신의 길을 묵묵히 갈 수도 있는 겁니다.

누군가 나에게 성공했다고 하면 성공이라고 받아들여야 할까요? 아닙니다. 기준이 다르기 때문입니다. 외부에서 성공이라고 부른다고 좋아할 필요는 없습니다. 반대로 누가 성공이라고 하지 않는다고 해서 체념할 이유도 없습니다. 성공한 사람이라는 평가는 어느 순간에 누군가가 부르는 이름일 뿐입니다.

명사 분들께 꼭 여쭤 보는 질문이 있습니다. "성공하실 줄 아셨나요?" 그러면 이렇게 대답하십니다. "나는 20년간 내 길을 걸었는데, 어느 순간 나한테 주목하더군요. 그런데 사람들의 주목이 없어도 나는 이 길을 계속 갔을 것입니다. 이 스포트라이트가 꺼져도 아무렇지 않습니다. 성공하기 위해서는 성공할 생각을 할 것이 아니라 성장하려는 생각을 해야 합니다."

●● 어떻게 성공할 수 있나
– 탁월해지기 위한 노력, 실패라는 디딤돌

성공의 세 번째 비결은 탁월해지기 위해 노력하는 것입니다. 우리가 성공했다고 하는 유명인 중에 축구선수 호날두를 많이 언급하는데요. 호날두가 수많은 축구선수 중에 성공한 선수로 손꼽히는 이유는 그만의 탁월함이 있기 때문입니다. 탁월하다는 것은 '넘사벽'의 수준에 들 만큼 자기 분야에서 엄청나게 차별화된 능력을 갖추는 것입니다.

마이크임팩트가 알랭 드 보통 같은 세계적인 작가를 모시려고 한 배경에는 우리가 탁월해지려는 노력이 있었습니다. 탁월해지는 데는 많은 시간과 노력이 필요합니다. "그래, 꾸준히 해야지, 열심히 해야지"라고 하지만, 결코 쉽지 않습니다.

물론 마시멜로 법칙처럼 굉장히 잘 참고 기다리는 이들도 있습니다. 하지만 그렇지 않은 경우 1만 시간을 연습한다는 것은 자기가 목표한 일을 좋아해야 가능합니다. 좋아해야 성공하건 말건 1만 시간을 연습할 수 있고 질적으로 나아지기 위한 개선을 생각할 수 있으니까요. 좋아하는 일을 해야 1만 시간을 훈련할 수 있고, 올바른 방법으로 1만 시간을 훈련해야 탁월해지고, 탁월해지면 성공의 가능성이 열립니다. 매일 탁월해지는 것을 목표로 해야 성공 또한 얻을 수 있습니다.

성공의 네 번째 비결을 살펴볼게요. 연기자 중에서 대가라고 생각하는 배우는 누구인가요? 진짜 연기 못한다는 평가를 받던 배우들이 나중에는 극찬을 받는 배우로 자리매김하는 경우가 많습니다. 즉, 빠르게 효과적으로 실패하는 게 성공으로 가는 지름길입니다.

성공의 원리를 보면 어느 정도 실패가 쌓여야 성공에 이를 수 있습니다. 제가 마이크임팩트를 하면서 잘했다고 생각하는 점은 빨리 시작했다는 거예요. 실패를 하더라도 빨리하여 경험을 쌓은 것이 결과적으로 유익한 자산이 되었습니다. 실패를 안 하려고 하다 보면 오히려 성공에 조금도 가까이 가지 못합니다. 성공하려고 너무 조심할 것이 아니라 빠르게 많이 실패하는 것이 성공에 근접하는 길이라고 할 수 있습니다.

●● 어떻게 성공할 수 있나
– 시대의 공감, 자신만의 기준

성공한 문화콘텐츠 중에 드라마로도 방영되어 큰 인기를 끈 웹툰 〈미생〉이 있습니다. 천만 관객을 동원한 영화 〈명량〉도 들 수 있고요. 왜 성공했을까요? 저는 이 콘텐츠들이 성공한 건 시대의 공감을 얻었기 때문이라고 생각합니다. 사람도 마찬가지입니다. 작가 사후 오랜 기간이 흐른 뒤 유작이 명성을 얻어 성공하는 경우가 있습니다. 시대의 흐름에 앞선 작품을 내놓아서 당대에는 평가를 받지 못하다가 후대에야 인정을 받은 거죠. 자기 시대에 성공하려면 시대의 흐름을 잘 읽어야 합니다. 그런데 대중은 곧 사라질 유행을 좇습니다. 지금 가장 핫한 거, 잘나가는 것을 목표로 하는 건 실패의 지름길입니다. 한두 발자국 앞선 예측으로 시대의 흐름을 읽을 줄 알아야 합니다.

앞서 언급했지만, 제가 졸업할 당시 경영학과의 똑똑한 친구들은 모두 공인회계사 준비를 했습니다. 그러나 얼마 뒤 10년 후 사라질 직업으로 회계사가 꼽혔습니다. 그러므로 시대를 따라갈 것이 아니라 스스로 가까운 미래를 읽고 먼저 해 보는 것이 성공의 길입니다. 지금은 조금 앞서가기 때문에 인정받지 못할지라도 미래에는 성공할 가능성이 큽니다.

끝으로 성공한 사람들에게는 공통점이 있습니다. 그들은 성공에 집착하지 않고 자기만의 성공 기준을 세우고 자신의 길을 걸어간 사람들입니다. 이런 사람들을 보면, 특정 취미에 광적으로 몰두하는 덕후가 사람이 많습니다. 그들은 자기가 좋아하는 사람들과 자랑스러워하는 일을 하는 것이 진정한 성공이라고 이야기하더군요.

결국 우리가 성공에 대해 이야기하는 것은 자신만의 성공의 정의를 내리기 위함입니다. 오늘과 내일 우리가 살아서 숨 쉬는 이유이기도 합니다. 내일 눈 떠야 하는 이유, 이 성공의 이유를 하나하나 쌓아서 나의 하루하루를 가치 있게 만들어 가길 바랍니다.

청춘

어떤 실패들을 딛고 현재의 자리에 이르셨나요?

동헌

이런 질문을 받으면 저는 손발이 오그라들어요. 성공의 발치에도
못 갔다고 생각하니까요. 실패를 돌아보면서 얻은 법칙이 있어요.
열 번 실패하면 한 번은 성공한다는 거죠.

마이크임팩트 창업 후 첫 강연회를 진행한 뒤 적자가 1,000만 원
정도 났어요. 그런데 저는 이 손해에 대해 크게 개의치 않았어요. 당
시에 우리가 티켓 가격을 5,000원으로 낮게 책정해서 티케팅 수입
으로는 적자가 날 수밖에 없었던 거죠. 객관적인 상황을 분명히 인
지했습니다. 이 시작이 다음 성공의 발판이 되어 마이크임팩트만의
중대형 강연을 계속 추진할 수 있게 되었습니다. 그렇다고 성공으
로만 이어진 건 결코 아니에요. 또 실패하고 다시 성공하기를 반복
했어요.

돌아보면 말하기 힘든 실패가 참 많았습니다. 그런데 실패를 하
다 보면 실패의 맛이 있더라고요. 실패할 때조차 어떤 쾌감이 있
어요. 그 실패를 기반으로 다음 목표가 생기기 때문에 얻는 쾌감
이었지요. 오히려 실패가 이정표로 바뀌기도 합니다. 반대로 성공
하면 다음에 어디에서, 무엇을 해야 할지 흔들리기도 합니다. 교

만해지기도 하고요. 다양한 실패를 빨리 경험해 보는 것은 시간을 농축해서 쓰는 유익과 성공의 윤곽을 분명하게 그려내는 지침을 안겨 줍니다.

Q&A 2
실패를 온전히 받아들여라

대표님은 보통 사람들보다 굉장히 긍정적으로 보여요. 돈보다 선한 가치를 중요하게 생각하는 면도 그렇고요. 그래도 실패하면 속상하잖아요. 그걸 극복할 수 있는 힘은 무엇인가요?

비슷한 이야기를 반복하는 것일 수 있습니다만, 저는 실패를 극복하거나 나를 이기려고 발버둥치지 않아요. 나와의 싸움에서 완전히 이길 수 없다고 생각해요.
자신을 이기라는 말을 많이 하지만, 왜 이기고 극복해야 할까요? 누구나 기대한 결과를 얻지 못하면 실망과 좌절이 찾아와요. 하지만 현실을 부인하고 "좋아, 나는 다 잘 될 거야"라고 하면 가슴이 더 아파요. 더 힘들거든요. 엄청나게 힘들고 좌절했을 때는 그냥 잠잠히 있는 게 좋아요. 더 이상 희망 고문이 침투하지 않을 때까지 가만히 있는 거죠.

그런데 현실에서 실패를 반복하면 자존감이 낮아지잖아요. 그때는 현상을 단순한 팩트로 봐야 해요. 자신과 분리시킨 하나의 현상으로요. 실패로 자신을 설명하기 시작하면 자존감이 낮아질 수밖에 없어요.

실패는 시간이 지나면 사라집니다. 실패에 대한 섭섭함을 가만히 놔두는 것이 견디는 방법입니다. 나와의 싸움도 그래요. 하기 싫을 때 억지로 하지 않는 거예요. 내가 좋아하는 것을 보상으로 제공하여 내적 동기를 일으키는 것도 좋은 방법이에요. 그래도 안 된다면 내 마음이 편해질 때까지 그냥 쉬는 것이 답입니다.

Q&A 3
실패의 원인을 내부에서 찾아야 성장한다

인간관계에서 자주 실패하는 경우 어떤 교훈을 얻을 수 있나요?

저는 실패가 성공보다 가치 있다고 생각하고, 그중에서도 가치 있는 실패는 비포와 애프터가 달라지는 실패라고 생각해요. 이혼을 경험한 분의 강의를 들은 적 있어요. 한동안은 모든 원인이 배우자의 문제라고 생각했대요. 자신은 누구와 결혼해도 잘 살 거라는 확신이 있었고, 그래서 곧 재혼을 했는데 또 위기를 맞았어요. 그런데 이번에는 "이게 내 잘못이구나" 하고 깨닫게 되었다고 해요. 처음에는 문제를 외부에서 찾다가 아무런 개선 없이 재혼을 한 건데, 다음에는 문제를 자기 내부에서 찾으면서 변화가 생긴 거죠. 그러니까 두 번째에는 비포와 애프터가 달라질 수 있었던 거예요.

마이크임팩트를 경영하면서 초창기 멤버들이 저한테 실망하고 떠났을 때 그들의 불만이 무엇인지 잘 몰랐어요. 그런데 시간이 지나면서 문제는 제게 있다는 것이 보였죠. '아, 이걸 바꿔야겠구나' 하고 노력하고 성장해 갈 수 있어서 제게는 굉장히 의미 있는 실패였습니다.

인간관계도 마찬가지라고 생각해요. 아마 지금은 잘 안 보이더라도 같은 문제가 두세 번 발생하면 자신의 문제를 인지할 수 있고 변화하려는 결심을 하게 됩니다. 인간관계의 실패를 통해서 알 수 있는 자신의 실제 모습이 있어요. 그에 따른 자기 성찰은 성장의 토대가 되지요.

Q&A 4
작은 성공 기준을 만들어라

저는 신입사원인데요. 늘 긴장이 되고 힘들어요. 신입사원의 성공은 무엇일까요?

동헌

신입사원은 입사 후 3개월 내에 능력을 평가받죠. 일을 잘하는지 못하는지에 대한 딱지가 붙기 시작할 때 부담스럽고 굉장히 힘들어요. 저도 겪어 보았습니다. 컨설팅 회사를 다니면 3년 뒤에 MBA 과정을 하거든요. 그러니 매사에 MBA에 목표를 두고 오늘과 내일을 잘게 쪼개서 그 안에서 나만의 작은 성공 기준을 만들었어요. 일단은 제가 속한 조직에서 인정받자는 목표를 세우고 팀에서 좋은 평가를 받으려 애썼죠.

사실 회사에서 중요한 것은 사수의 한마디거든요. 사수의 마음을 일단 만족시키겠다는 목표로 신입의 딱지를 떼어 갔어요. 직속 선배나 2, 3년차 선배가 제일 힘들게 할 거예요. 2, 3년차 선배들은 신입사원에게 감당하기 어려운 업무를 할당하여 해내도록 만들어야 자기 존재를 인정받는다고 생각하죠. 거기에 깊이 연연하지는 마세요.

Q&A 5
모방에서 시작해 점점 자기만의 방법을 찾아라

청춘

주변에 성공한 분들 보면 일을 열심히 하고 능력 또한 탁월하잖아요. 그런데 저는 거기에 너무 못 미치는 거예요. 제 한계를 잘 수용하고 넘어서려는 마음이 들면 좋겠는데, 실제로는 그냥 힘들기만 해요.

동헌

대입 수능을 준비할 때 사당오락이라는 말이 있죠. 옆에 앉은 애보다 30분 덜 공부해도 불안해집니다. 죄책감도 느끼고요. 지나고 보면 웃음이 나오지만 고등학교 때 다들 그랬잖아요. 사실 종목만 바뀌지 사당오락은 계속 따라다녀요.

저한테도 "몇 시간 일해요?"라고 묻는 사람들이 있어요. 아니, 그게 무슨 상관이에요. 각자 자기만의 방법이 있는 거죠. 다만 그 방법을 만들기가 힘들기 때문에 모방이 필요한 겁니다. 모방으로 시작해 보는 건 좋은 방법이에요.

성공의 노하우나 방법론을 갖추지 못했을 때 먼저 모방해 보면서 자기 방식을 찾아갈 수 있어요. 처음에는 당연히 자기와 안 맞아요. 거기서 조금씩 자기 스타일로 바꿔 가면서 맞는 방법을 찾아야 해요. 점점 자기만의 방법을 발견하는 거죠. 그러다 보면 롤모델로 삼았던 사람들을 뛰어넘는 경험까지 할 수 있어요. 누군가를 그대로 따라 가는 것이 아니라 나만의 방법론을 찾아가며 소화하겠다는 생각이 중요합니다. 타인의 방법론을 그대로 못 해낸다는 결과 치로 실망할 필요는 없다고 생각합니다.

Q&A 6
시대를 예측하기보다 좋아하는 일을 하라

청춘

시대의 욕구를 잘 포착해야 성공할 수 있다고 하셨는데, 지금 시대에 성공의 키워드는 무엇일까요?

동헌

제가 알면 얼마나 좋겠어요. 저는 시대의 욕구를 읽어낸다는 건 개인이 노력으로 가능한 게 아니라고 봅니다. 변화하는 시대의 트렌드가 나와 맞아떨어지면서 주어지는 거라고 생각해요.

그저 나는 내 길을 쭉 갔는데 시대와 맞지 않은 채로 결실 없이 끝났다면, 후대에 평가를 받을 것입니다. 시대를 예측한다는 건 우리가 정확하게 알 수 없기 때문에 그냥 자기가 좋아하는 일, 꽂히는 일을 계속 하면서 때를 기다려야 해요.

예측이 가능하다는 건 확실한 통계가 있는 것을 말합니다. 사람들이 자식을 안 낳고 결혼을 안 할 것이다, 노인 인구가 많아질 것이다, 중국이 뜰 것이다, 이런 예측은 통계를 통해 제시할 수 있습니다. 그런데 미래를 예측해도 뛰어들지 못하는 경우가 많아요. 바로 앞에 다가올 일인데도 뛰어드는 사람이 없어요. 그래서 선구자가 존재합니다. 반 발짝 앞서서 선점하는 거죠.

마이크임팩트도 그렇게 앞선 기획을 많이 합니다. "이번 생은 글렀어" "포기하면 편하다" 이런 내용을 슬로건으로 걸었어요. "19금 페스티벌"을 추진하기도 했고요. 그러고 나니 19금 코드가 퍼졌습니다. 메이저에 약간의 마이너 코드를 가미하니 독창적인 메이저가 되었어요. 이런 서브컬처에 주목하다 보면, 트렌드를 선도할 수 있습니다.

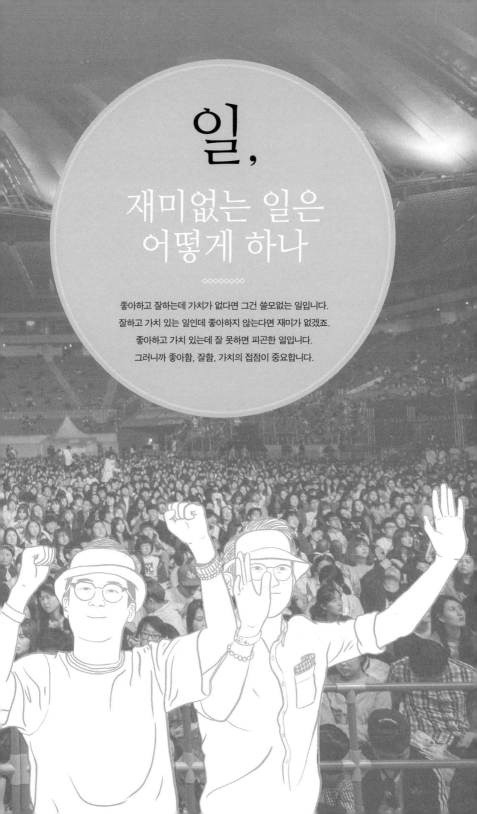

일,

재미없는 일은
어떻게 하나

◇◇◇◇◇◇◇◇◇

좋아하고 잘하는데 가치가 없다면 그건 쓸모없는 일입니다.
잘하고 가치 있는 일인데 좋아하지 않는다면 재미가 없겠죠.
좋아하고 가치 있는데 잘 못하면 피곤한 일입니다.
그러니까 좋아함, 잘함, 가치의 접점이 중요합니다.

지금 일하는 직장을

계속 다녀야 하는지

고민스럽다면

우선 자신의 핵심 가치가

충족되고 있는지

점검해야 합니다.

●● 왜 일을 하는가

사람들은 왜 일을 할까요? 우리의 삶을 살펴보면 일을 중요하게 생각하여 오랜 시간 일하는 것을 당연하게 받아들입니다. 2015년 통계에 의하면 한국인은 1인당 평균 실제 연간 근로시간이 2,124시간으로 OECD 회원국 중 2위를 고수하고 있습니다. 1,371시간으로 가장 짧은 독일에 비해 연간 4개월을 더 일하는 셈입니다. 어마어마하게 일하죠.

이토록 일을 많이 하는데 단지 먹고살기 위해서만 하는 거라면 덜 먹으면 되지 않을까요? 1일 1식은 어떨까요? 일을 덜 해도 살 수 있지 않을까요? 하지만 사람들은 일의 가치를 먹고사는 데만 두지 않습니다. 일에는 그 이상의 매력이 있습니다. 자아실현의 장이 되기도 하고, 자기 가치를 증명한다는 의미도 있습니다.

직장인 중 "지금 하는 일이 안 맞아요. 어떤 일을 해야 할까요?" 하는 고민을 하는 이들이 많을 거라 생각합니다. "일이란 무엇인가?" "일을 언제까지 해야 할까?"도 늘 고민입니다.

●●● 나의 천직을 어떻게 찾나

일에 대해 공통된 큰 고민은 나의 천직을 어떻게 찾느냐 하는 것입니다. 일을 오래 하신 분들 중에는 천직에 대한 고민을 포기한 경우도 있을 거예요. 천직은 없다, 하면서요. 하지만 우리는 포기하지 말아야죠.

천직은 좋아하는 일과 잘하는 일과 가치 있는 일이 겹치는 것입니다. 좋아하고 잘하는데 가치가 없다면 그건 쓸모없는 일입니다. 잘하고 가치 있는 일인데 좋아하지 않는다면 재미가 없겠죠. 좋아하고 가치 있는데 잘 못하면 피곤한 일입니다. 그러니까 좋아함, 잘함, 가치의 세 가지 접점이 중요합니다. 여기서 질문은 "좋아하는 일을 어떻게 찾나요?" "잘하는 일을 어떻게 찾나요?" "가치 있는 일을 어떻게 찾나요?"로 정리할 수 있습니다.

일에 대해 이런저런 생각을 많이 해 봤습니다. 그러면서 떠오른 게 다람쥐입니다. 다람쥐는 쳇바퀴를 돕니다. 왜 그럴까요? 노는 겁니다. 다람쥐 본연의 모습인 거예요. 그런데 다람쥐가 달리는 모습을 보고 누군가가 돈을 줘요. 그러면 다람쥐에게 쳇바퀴 도는 행위가 일인가요? 일이에요. 가치가 올라갔으니까요. 사실 좋아하는 일이 바로 그런 모습입니다. 자기 본연의 모습으로 가치를 얻는 것이죠. 다람쥐는 돈을 벌려고 일을 하는 게 아니에요. 자기 본연의 모습으로 사니까 거기서 일이 탄생한 겁니다. 그런데 사람들은 항상 반대로 생각해요. 돈을 먼저 생각하고 돈을 받을 수 있는 일이 무엇인지 생각합니다. 그러면 답을 얻을 수 없습니다. 자기와 맞지 않는 일을 할 수밖에 없습니다.

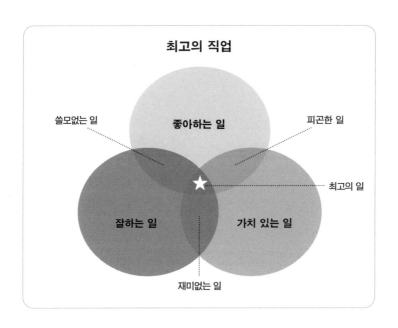

최고의 직업

쓸모없는 일

좋아하는 일

피곤한 일

최고의 일

잘하는 일

가치 있는 일

재미없는 일

결국에는 돈을 어떻게 버느냐가 아닌, 자기 본연의 모습에서 선택하는 일이 중요합니다. 개그우먼 김신영 씨는 고등학교 때 남을 웃기는 걸 정말 좋아했대요. 특히, 공부 잘하는 애들을 보면 그렇게 웃기고 싶었다고 해요. 시험문제 한두 개 틀리면 우는 애들 있잖아요? 그런 애들을 보면 개그 본능이 자극됐다고 합니다.

김신영 씨에게 개그우먼이 안 됐다면 뭐가 되었겠느냐 물으면, 한 치의 망설임 없이 그냥 동네 웃기는 언니가 됐을 거라고 답합니다. 저는 충격을 받았어요. 이 사람은 개그우먼이나 유명해지거나 돈을 버는 게 목적이 아니라 그냥 웃기는 것을 좋아하는 사람이란 것을 알았죠. 다람쥐 본연의 모습과 같은 겁니다. 그런데 잘 웃기면 수익이 생깁니다. 만약 김신영 씨가 못 웃기거나 다람쥐가 쳇바퀴를 못 돌면 돈을 못 법니다. 자기 본연의 모습이지만 평범하면 돈을 벌 수 없어요. 뛰어나게 잘하는 재능이 있어야 합니다.

●● 잘하는 일은 어떻게 찾나

잘하는 일은 어떻게 찾을까요? 한번은 다중지능에 대한 EBS 다큐멘터리를 봤습니다. 디자이너 이상봉 선생님은 공간 지능이 뛰어나다고 해요. 외과의사 송명근 선생님은 논리수학 지능, 발레리나 박세은 씨는 신체운동 지능, 가수 윤하 씨는 음악 지능과 언어 지능이 뛰어나다고 합니다. 이들의 현재의 위치를 보면 어떤 지능이 뛰어난지 예측할 수 있습니다. 그런데 재미있는 것은 성인이 되어서가 아니라 여덟아홉 살 때 검사해도 똑같은 결과가 나온다는 거예요. 만약에 이들이 여덟아홉 살에 다중지능 검사를 하고 뛰어난 재능으로 밝혀진 결과에 따라 맞는 일을 하면 당연히 잘할 수밖에 없습니다.

사실 우리는 자신이 무엇에 뛰어난지 이미 알고 있습니다. 검사받지 않아도 어떤 지능을 가지고 있는지 어느 정도 알고 살아갑니다. 어릴 때 이미 그 재능이 주어졌기 때문이에요.

저는 언어 지능, 인간친화 지능, 그리고 어떤 현상을 보면 탐구하고 생각하는 걸 좋아해서 자기성찰 지능이 뛰어나다는 걸 알고 있습니다. 하지만 자신의 소질과 능력을 너무 세부적으로 생각하면 답이 안 나옵니다. 하워드 가드너 Howard Gardner 의 《다중지능》을 한번 읽어 보세요. 자신에게 있는 뛰어난 재능과 부족한 재능을 알게 될 것입니다. 부족한 재능은 아예 자신에게서 떼어 내세요. 노력하더라도 능력과 가치를 발휘하며 수입을 만들기는 어렵습니다. 일의 정의는 가치의 교환이기 때문에 돈을 무시할 수 없습니다. 내가 잘하는 것에 집중해야 합니다.

●● 어떻게 돈을 벌 수 있나

내가 잘하는 일을 찾았어요. 어떻게 해야 수입을 만들 수 있을까요? 어떻게 돈을 벌 수 있을까요? 상담을 해줄 수도 있고, 코칭을 해줄 수도 있을 거예요. 갖고 있는 재능으로 어떻게 돈을 벌 수 있는지 깊이 고민해야 합니다.

그런데 비즈니스 모델을 만드는 것은 쉬운 일이 아닙니다. 그래서 사람들이 일반적인 비즈니스 모델을 따라 그 안에 들어가 노동자가 되는 편을 택합니다. 자신이 어떤 비즈니스 모델을 찾아서 만들어야 할지는 어려워합니다. 그래서 창업 마인드가 중요합니다. 어딘가에 고용되어 일하는 것보다 자기 힘으로 돈을 벌어 본 경험이 중요한 자산입니다. 구두를 닦고 물건을 팔아 본 경험이 있는 것과 없는 것은 큰 차이가 있습니다.

어떻게 돈을 벌 수 있을까요? 가장 쉽게 생각하는 게 집에 있는 물건을 중고시장에 파는 것이죠. 제가 아는 어떤 분은 10년 정도 직장에 다니다가 회사를 나온 뒤 자기 스스로 돈을 벌 수 없다는 사실에 절망했다고 했습니다. 이것이 노동자의 현실이에요. 그 굴레에서 벗어나야 합니다. 좋아하는 일, 잘하는 일로 돈을 벌 수 있다는 확신과 경험이 우리에게 필요합니다.

일에 대한 개념을 정리하려면 스스로 돈을 벌어 본 경험이 있어야 합니다. 왜 저 직업은 돈을 많이 벌까? 왜 저 직업은 돈을 조금밖에 못 벌까? 생각해 보고 부딪쳐 봐야 알게 됩니다.

마지막으로 가치 있는 일까지 찾게 되면 드디어 천직을 만난 것입니다. 어려운 이야기예요. 그런데 또 쉬운 이야기이기도 합니다. 왜냐하면 나는 자신의 재능, 자기 본연의 모습을 이미 알고 있거든요. 그래서 자신을 성찰하는 시간이 중요합니다. 계속 고민해 봐야 합니다.

공간 지능이 떨어져서 어딘가를 가다가 길을 잃었습니다. 어떻게 하면 될까요? 돌아가거나, 기다리거나, 주변 사람들에게 물어보는 등의 방법을 택할 것입니다. 저는 길을 잃으면 목적지가 있는 방향을 봅니다. 사실 눈앞의 사거리에서 우회전을 하거나 말거나 큰 상관이 없습니다. 그 방향으로만 가면 되는 거예요. 우리 삶도 마찬가지입니다. 가야 할 방향을 어디로 설정하느냐에 따라 삶의 완성도가 크게 달라집니다. 그 방향이 삶의 소명, 사명입니다.

그런데 우리가 지금 삶에서 소명과 사명을 찾는 건 너무 어렵습니다. 저는 청춘이기 때문에 아픔의 공감 대상이 청춘이고, 청춘의 아픔에 대한 이야기를 많이 나눕니다. 꿈과 열정을 잃고 고통받는 청춘에 대한 많이 생각합니다. 이 시대를 사는 청춘의 아픔에 공감하니까 삶의 사명이 정해졌습니다. 저는 제 삶의 사명을 '이 세상을 바꿀 거야'라는 식으로 잡지 않습니다. 그보다 아픔의 공감 대상을 생각합니다. 그러고 나니 제 일을 찾기가 훨씬 쉬워졌습니다. 삶의 방향을 찾았기 때문입니다.

● ● 지금 당장 천직을 찾으려 하는가

위대한 인물을 보면 대단한 능력을 가진 사람도 있지만, 대부분 공감 능력이 뛰어난 사람, 그릇이 큰 사람, 따뜻한 연민을 가진 사람입니다. 그런데 한국 사회에서는 그런 사람이 나오기가 어렵습니다. 학창 시절 부터 친구들과 심하게 경쟁하고 1등을 해야 한다는 의식을 주입받으며 이타성을 기르지 않는 환경에 길들여져 있습니다. 가슴에 연민을 품으십시오. 그 따뜻한 가슴이 삶의 방향을 알려 줄 것입니다.

마지막으로, 당장 천직을 찾으려고 하지 마세요. 천직은 잘 보이지 않습니다. 저는 몇 년 전만 해도 제가 이런 일을 하고 있을 거라고는 조금도 상상하지 못했습니다. 다만 한 발 더 천직에 다가간다는 느낌은 갖고 있었습니다. 어릴 때 천직을 찾는다는 건 어불성설일 수 있어요. 시행착오를 겪으며 길을 가다보면 점점 목적지에 다가가게 됩니다.

천직을 찾지 말라는 말은 부담을 갖지 말라는 뜻입니다. 당장 배우자를 찾으려고 하면, 실제로는 아무도 못 사귑니다. 여러 사람을 만나다가 어느 정도 나이가 들고 서로의 생각이 맞는 사람을 만나서 이뤄지는 것이 결혼입니다. 평생의 배우자를 만나려면 어느 정도의 만남이 필요할 것입니다. 그렇듯 다양한 일을 접해 봐야 하는 거예요. 그러다 안 맞는 일을 만나게 되기도 합니다. 오히려 좋은 경험이 될 것입니다. 자기에게 맞는 일을 못 찾는 경우가 천직을 찾을 확률을 높여 주니까요. 긴가민가하며 주저하는 게 문제입니다. 부담 갖지 마세요.

세계적인 경영학자 짐 콜린스 Jim Collins 는 《좋은 기업을 넘어 위대한 기업으로》라는 책을 썼습니다. 2002년 이 책이 나온 뒤 8년 만에 이 책에서 소개한 기업이 대부분 쓰러진 것을 정리해서 《위대한 기업은 다 어디로 갔을까》를 펴냈습니다.

우리나라를 한번 볼까요? 팬택, STX, 동양, 대우, 쌍용, 한보, 국제, 대한전선 등 한국 경제를 움직이고 발전시킨 기업들임에도 지금은 그 명성이 남아 있지 않습니다. 그래서 지금 정상에 있는 직장은 그곳이 곧 내리막길을 향하는 곳일 수 있다는 인식이 필요합니다. 일류였던 회사가 몰락의 길을 걷기도 합니다.

그렇다면 대우는 좋지만 들어가기 힘든 직장에 어렵더라도 무조건 들어가려고 애써야 할까요? 지금 가장 인기 있는 곳이 계속 오래 간다는 보장이 있을까요?

제가 취직할 때만 해도 증권회사가 가장 인기 있는 곳이었습니다. 그런데 시간이 흐르니 유명한 증권사들이 대대적인 구조조정을 한다는 뉴스를 접했습니다. 지금 금융업의 수요는 과거와 다릅니다. 불과 10년도 안 돼서 가장 인기 있는 곳이 몰락한 사례는 많습니다. 이런 상황에서 어떤 직장을 택해야 할까요?

직장을 선택할 때 지금 최고점에 있는 곳이 아니라 가치 있는 곳을 찾아야 합니다. 유명한 엔터테인먼트 회사도 리스크는 있습니다. 어느 직장을 선택하든지 책임지고 뚫고 나가야 할 문제들이 있습니다. 결국 미래에는 직장 선택에 대한 고민이 무의미해질 것입니다. "나는 어느 대기업에 다니는 누구야"라고 소개하는 시대가 아닐 겁니다.

●● 첫 직장이 왜 중요한가

그럼에도 불구하고 첫 직장은 중요합니다. 첫 직장이 왜 중요할까요?

마이크임팩트를 창업하기 전에 다닌 컨설팅 회사는 제게 경영자 사관학교 같은 이미지였습니다. 이곳에서 트레이닝을 받고 나면 제가 많이 성장할 거라는 기대감이 있었습니다. 여러 회사에서 인턴을 경험한 뒤, 첫 직장인 그곳에서 일하다 쓰러진 적도 있을 만큼 과중한 업무에 시달렸는데 그것이 제가 성장하는 데 도움이 되었습니다. 무엇보다 팀워크가 좋은 회사였습니다. 왜 그 직장을 택했는지를 살펴보면, 제가 생각한 핵심 가치와 부합하는 곳이라는 사실이 가장 큰 이유였습니다. 드러나 있는 위상이 아니라 내가 가진 핵심 가치에 맞는 곳을 찾아야 합니다. 가치관은 자신에게 가장 중요한 정신임에도 간과되는 경향이 있습니다.

자신의 핵심 가치 3가지를 손꼽아 보세요. 자신이 꼽은 핵심 가치를 보면 내 성향과 기준을 알 수 있습니다. 이 핵심 가치는 직장을 고르거나, 배우자를 고르는 선택에서 하나의 기준점이 됩니다. 내게는 자유가 중요한데 결혼이 나의 자유를 구속한다고 생각하면 미혼으로 살아야죠. 돈을 보고 직장에 다니는 것, 돈 없는 배우자와는 결혼이 꺼려지는 것 이런 사고가 잘못된 건 아니에요. 경제적 안정이 자신의 핵심 가치라면 그럴 수 있습니다. 어떤 기업이든 장단점이 있고 문제가 없는 곳이 없습니다.

마이크임팩트에 많은 사람이 지원합니다. 지원한 친구들을 보면 자율성과 주도성, 개성을 중시하는 경향이 강합니다. '소셜 이펙트'를 중시하는 친구들이기도 합니다. 그래서 공동 성향에 따라 묶이게 됩니다. 내가 가장 중시하는 핵심 가치가 있는데 이를 무시하고 자신과 안 맞는 곳에 있다면 고통스러울 수밖에 없어요. 핵심 가치를 만족시키지 못하면서 현재 상태를 계속 견디며 유지한다는 건 불가능합니다. 지금 일하는 직장을 계속 다녀야 하는지 고민스럽다면 우선 자신의 핵심 가치가 충족되고 있는지를 점검해야 합니다.

●● 어떤 직장을 원하는가

어떤 직장을 원하나요? 구체적인 직장을 생각해 본 적 있나요? 대부분 연봉과 퇴근 시간만 생각합니다. 그렇게 천편일률적인 기준을 제시하는 것이 문제입니다. 이상형처럼 직장도 구체적인 조건을 갖춰야 좋은 직장을 찾을 확률이 높습니다. 그런데 자신의 이상형 조건에 100퍼센트 맞는 사람과 만나서 결혼하는 경우는 거의 없습니다. 일단 원하는 직장을 10개 정도 써 보세요. 중요하지 않은 곳을 순위대로 지워나가는 거예요. 그리고 3개만 남겨 놓으세요. 자신이 원하는 직장을 만날 가능성이 높아집니다. 사람들은 높은 급여가 보장된 직장을 찾으려고만 하지 자신이 원하는 직장의 조건은 생각해 보지 않습니다.

그리고 첫 직장이 중요하다고 했는데 맞습니다. 첫 직장이 향후 자신의 미래를 결정해 가는 데 도움이 됩니다. 이직을 하더라도 동일한 산업군 내에서 선택할 확률이 높기 때문입니다. 증권사에 들어가면 금융쪽에서 계속 일하게 될 확률이 높아요. 그러니까 첫 직장을 선택할 때 내가 원하는 산업군의 범위가 어디인지를 신중히 살펴야 합니다. 삼성전자에 입사한다면 전자 산업 자체에 대한 충분한 고려가 있어야겠죠.

대학 시절 제 친구가 캠퍼스 커플이 되었어요. 처음으로 여자 친구를 사귄 건데 결국 헤어지고 얼마 뒤 다른 여자 친구를 사귀게 되었지요. 저는 그 여자 친구를 보곤 깜짝 놀랐습니다. 첫 여자 친구와 너무 닮은 사람이더라고요. 직장도 마찬가지입니다. 첫 번째 직장과 비슷한 선에서 이직할 확률이 높습니다. 그래서 첫 직장은 자신의 가치관과 신념을 고려해서 결정하는 게 좋습니다.

그리고 외적 보상이 아니라 내적 보상이 큰 곳으로 가야 합니다. 성취감, 자율성, 자아실현, 인간관계 등이 내적 보상에 해당됩니다. 마이크임팩트 지원자의 성향도 이러합니다. 외적 보상보다 내적 보상이 충족되는 곳이어서 이를 중시하는 구성원들이 같이 일하고 있습니다. 저는 마이크임팩트의 이러한 기업문화는 우리만의 고귀한 핵심 가치라고 생각합니다.

인기 있는 직장이라면 좀 더 생각해 볼 것, 핵심 가치와 부합하는 곳을 찾을 것, 첫 직장은 중요하니 산업군 자체를 따져 볼 것, 내적 가치에 만족감이 있는 곳을 목표로 할 것 등에 대해 말씀드렸습니다.

●●● 미래에는 어떤 일을 해야 하나

미래에는 어떤 일을 해야 할까요? 아시다시피 우리는 굉장히 빠르게 변화하는 시대에 살고 있습니다. 미래에 우리 직업은 어떻게 달라질까요? '20년 안에 사라질 직업'이란 분석에 의하면 펀드매니저, 약사, 대중교통 운전기사, 자동차보험업종, 변호사, 물류 운송업종, 텔레마케터, 전업 작가, 경제학자, 기계 전문가, 건강 관련 기술자 등이 거론되고 있습니다. 이런 분석을 보면 지금 평생 직업을 정한다는 게 어불성설로 여겨집니다. 내가 선택한 직업이 없어질 수 있고 새로운 인기 직업이 등장하고 또 사라질 겁니다. 그 변화 속도는 점점 더 빨라질 거예요.

2010년 미국 캘리포니아에서 처음 시작한 우버 택시라는 운송 네트워크는 승객과 일반 택시를 연결해 주는 새로운 운송 서비스로 우리나라에도 들어와 있습니다. 택시 기사들이 생존권을 위해 파업하기도 했습니다. 인공지능의 발달로 대중교통의 운전기사가 사라질 직업으로 분류되고 있습니다. 우버는 생긴 지 얼마 되지도 않았는데 운송 산업 자체를 흔들고 있습니다. 스마트폰이 생기면서 알람시계, 손전등, 라디오, 내비게이션이 사라지고 있습니다. 현재 우리가 몸담고 있는 직종들이 어떻게 변할지 예측할 수 없습니다. 내가 이 직업을 평생 하겠다는 건 이제 불가능해요. 새로운 시스템은 이제 장인의 영역까지 침투해 들어가고 있습니다.

그렇다면 우리가 취해야 할 태도는 무엇일까요? 넋 놓고 있어야 할까요? 저는 콘텐츠를 기획하는 일을 합니다. 이 일을 강연기획으로 부르기도 합니다. 그런데 저는 강연기획자보다 그냥 기획자라고 정의합니다. 강연 산업이 없어질 수도 있기 때문입니다. 물론 안 없어질지도 모르죠. 하지만 모르는 일입니다.

강연기획자라고 하면 분야가 좁지만 기획자라고 하면 공연 기획, 광고 기획, 상품 기획 등 도전할 영역이 넓어집니다. 직업이 아니라 직업군으로 정의해야 합니다. 상품이나 트렌드나 업종이 바뀌어도 살아남을 수 있어야 합니다. 이때 필요한 게 유연한 전문성이에요. 계속 유연하게 변신할 수 있어야 하는 거죠. 그래야 지속적으로 변화하는 상황에 적응할 수 있습니다.

미래에는 간헐적 퇴직이 가능한 직장이 생길 것입니다. 3년 일하고 1년 쉬고 다시 일하는 식으로요. 열심히 일하다가 제주도 등 원하는 지역에 가서 1년 정도 쉬고 다시 일터로 돌아오는 사람들이 늘어날 것입니다. 일회성 프로젝트 또한 많아질 것입니다. 그러다 보면 커리어가 직장 베이스에서 프로젝트 위주로 바뀌게 될 거예요. 그렇게 되면 한 사람의 포트폴리오가 중요해집니다. 어느 직장에서 일했는지는 중요하지 않게 됩니다.

대표적인 분이 광고인이자 저술가 박웅현 씨입니다. "그녀의 자전거가 내 가슴 속으로 들어왔다." "진심이 짓는다." "나이는 숫자에 불과하다." 등 인상적인 광고 카피를 지은 분이지요. 사람들은 박웅현 씨를 TBWA KOREA의 크리에이티브 대표로 기억하지 않습니다. 수행한 프로젝트로 기억합니다. 물론 일반 직장인에게는 다가오지 않을 수 있어요. 하지만 변화의 방향을 주시해야 합니다. 수행한 프로젝트, 자기가 일군 결과물에 대해 이야기하게 될 거예요. 결국 "삼성에서 일했다"가 아니라 "갤럭시 휴대폰의 몇 번 프로젝트를 했다" 하는 식으로요.

●● 유연한 전문성을 갖추려 하는가

미래에는 "어떻게 하면 좋은 직업을 얻을까"가 아니라 "어떤 멋진 프로젝트에 참여할 수 있을까"로 질문이 바뀔 것입니다. 〈트랜스포머〉팀과 일하고 싶다면 어떻게 해야 할까요? 실제로 〈트랜스포머〉팀과 일하는 한국인에 관한 뉴스를 본 적이 있습니다. 〈트랜스포머〉팀에 픽업된 그는 유명한 학교에서 영화 CG 관련 공부를 한 게 아닙니다. 로봇 손을 잘 그린다는 재능이 알려졌는데 특히 손 관절을 탁월하게 그렸다고 합니다. 로봇의 여러 부위 중에 손을 그리는 게 가장 어렵다고 해요. 로봇 디자이너는 한정돼 있고 어려운 분야이면서, 그 가운데 로봇 손을 아주 잘 그리는 사람은 손에 꼽을 정도밖에 없다고 합니다. 한 분야의 전문가를 거대 자본 집단이 놓치지 않은 사례입니다. 편의점을 다니면서 회사별 주먹밥을 먹고 자신의 블로그에 비교해서 올린 사람도 기업에서 채용했다는 뉴스를 접한 적이 있습니다.

결국에는 한 분야의 전문가가 되는 게 중요하고, 지금부터 자기 전문성을 찾아야 합니다. 프로젝트 베이스가 중요해짐에 따라 더욱 능력 위주의 사회가 되고, 해당 분야의 전문가들을 찾기는 쉬워집니다. 결국 전문 능력을 가진 프리랜서는 고유의 능력으로 행복하게 살 수 있는 시대로 들어갑니다. 과거에는 전문가를 찾는 게 어려웠지만, 현재는 유튜브와 SNS 등으로 쉽게 찾아가는 채널이 열려 있습니다. 하루라도 빨리 블로그를 만들고 자신이 수행한 포트폴리오를 하나하나 정리해 두어야 합니다. 포털 검색의 힘은 더욱 강해지고 있습니다. 자신에게 잘 맞는 토픽을 정하고 포트폴리오 작업을 하면 그 자체가 개인 브랜드가 되어 알려질 것입니다. 미래의 일은 프로젝트 베이스로 개개인의 능력에 따라 뭉치고 흩어지면서 진행될 것입니다.

현재도 이러한 직업 형태가 많아지고 있습니다. 영업 마케팅도 프리랜서로 일하는 분들이 늘어나고 있습니다. 전문가를 고용하는 건 부담되지만 프로젝트에 따라 프리랜서를 구성해서 함께 일할 수 있습니다. 그래서 미래의 직업에 대해 생각할 때는 직업으로 한정 짓지 말고 직업 군으로 생각해야 합니다. 한 분야의 전문가가 되고, 개인 브랜드를 쌓고, 포트폴리오를 만들어야 합니다.

즉 유연한 전문성을 갖추어야 합니다. 스페셜리스트로 잘하는 한 분야를 갖추어야 합니다. 그런데 제너럴리스트의 면모도 필요로 합니다. 뭐든지 알아야 한다는 게 아니라, 전체적으로 그 분야를 알 수 있는 시야와 다른 분야에 적용할 수 있는 능력이 필요하다는 뜻입니다. 그것이 바로 유연하게 변화할 수 있는 힘, '유연한 전문성'입니다.

●● 어떻게 하면 일을 잘할 수 있나

어떻게 하면 일을 잘할 수 있을까요? 우리가 업무를 할 때 큰 그림을 이해하고 있느냐 없느냐가 중요합니다. 전체 구조를 파악한 뒤에는 자기 역할이 쉽게 이해됩니다. 하나하나의 조각들이 모여서 어떤 그림을 완성할지 인지하게 되니 자신이 이뤄야 할 형상의 완성도가 높아지는 것이죠.

그런데 일반적으로 직장에서는 우리에게 큰 그림을 이해시키며 업무를 맡기지 않습니다. 단순히 이 과제를 제대로 해내라는 식으로만 임무가 할당됩니다. 그러니까 우리는 내게 주어진 일을 왜 하는지 모르고 공감하지 못한 채 관성적으로 일하기 때문에 자신의 존재를 기계 부속품처럼 여기게 됩니다.

거시적인 시각을 갖고 일한다는 건 매우 중요합니다. 거시적인 시각을 갖게 되면 굉장히 효율적으로 업무를 완수할 수 있는데 이를 'CEO뷰'라고 합니다. 거시적인 시각은 곧 문제 출제자의 의도를 알고 문제를 푸는 것과 같습니다. 왜 이 문제를 냈는지를 알면 문제를 정확하게 풀 수 있습니다. 직장에서 거시적 시각을 갖게 되면 일을 왜 해야 하는지, 또 어떻게 해야 하는지 알 수 있습니다.

그러면 거시적인 시각은 어떻게 가질 수 있을까요? 제가 컨설팅 회사에서 근무할 때 CEO뷰를 가지라는 말을 많이 들었습니다. 그때 제가 했던 일관된 노력이 있습니다. "저 CEO의 고민은 무엇일까?" 이 고민이 바로 CEO뷰입니다.

면접에 임할 때 "저는 이런 걸 잘할 수 있습니다"라고 했는데, 면접관이 "당신이 잘한다 해도 지금 우리 회사에서는 필요가 없습니다"라고 한다면 어떻게 대답하겠어요?

"제가 보기에 현재 회사는 이런 상황에서 이런 고민이 있을 것이라고 사료됩니다. 그런데 제가 이 문제의 해결에 도움이 될 만한 재능이 있습니다." 이 답변이면 상황은 종료됩니다. 면접관이 자신의 마음을 읽은 답변에 감동을 받을 것입니다.

한편 면접관의 마지막 질문은 "회사에 대해 궁금한 게 있습니까?"입니다. 그때 출퇴근 시간이 몇 시냐고 물으면 '아, 얘는 탈락'입니다. 이렇게 마지막 질문이 취업에 결정적인 영향을 끼치기도 합니다.

저는 입사 지원을 한 어떤 친구의 말에 감동받은 적이 있습니다. 그 친구는 본인이 입사한 후 3개월 동안 기대하는 성과가 무엇인지를 제게 물어보더라고요. 정말 찡했습니다. '아, 신규 입사자임에도 대표의 마음을 이해하는 안목을 가졌구나.' 이 공감이 CEO인 제게 위로가 됨과 동시에 입사 후에 동료들과 관계도 잘 맺을 것 같아 높은 점수를 주게 됩니다. CEO뷰를 가진다는 것은 부분적인 스코어를 보는 게 아니라 일의 본질을 볼 수 있는 안목을 가진다는 의미입니다.

●● 일 잘하는 사람들의 특징은 무엇인가

일을 잘하는 사람들에게는 몇 가지 특징이 있습니다.

첫째, 일을 빨리합니다. "마감일보다 미리 완수해서 피드백을 잘하고, 수정할 시간을 확보한다." 이런 평가를 받는 사람은 탁월한 능력자임에 분명합니다. 그런데 과연 이 사람은 일을 잘하는 사람일까요? 분명히 데드라인이 있고 그때까지 맞춰서 완료하면 되는데, 일찍 마쳐서 올린다면 뭔가 다른 문제는 없는지 생각해 볼 수 있습니다. 일을 제대로 해서 올리면 되지, 마감일보다 빨리 마쳐서 보고하는 것을 잘한다고 볼 수만은 없습니다.

저는 직장에서 일 잘하는 친구들을 많이 봤습니다. 그 친구들을 보면 분명히 남다른 부분이 있습니다. 한편으로는 일을 잘하는 것처럼 보이는 것이 문제란 생각도 들었습니다. 일을 잘하는 것처럼 보이는 몇 가지 스킬만 구사하면 굉장히 좋은 인상을 줄 수 있으므로 실제로 유능한 것과는 간극이 큰 경우도 생길 수 있습니다. 팀 구성원이 되어 업무 협력에 들어가면, 요청해 두어야 할 사항들을 빠르게 처리하고 팔로업이나 피드백의 속도가 빠른 사람이 있습니다. 프로젝트가 성공하든 실패하든 빨리하면 일을 잘한다는 이미지를 줍니다. 착각일 수 있어도 이런 처세술에 능한 사람이 인정받는 현실이니 알아둘 필요가 있습니다. 일단 상관의 입에서 "김 대리, 그거 어떻게 됐어?"라는 말이 나오면, 일을 못한다는 평가 대상에 오릅니다. "왜 이 시간까지 일을 안 했어"라는 뜻이 숨어 있기 때문입니다.

두 번째는 기본이면서 중요한 부분입니다. 일을 잘하는 사람은 문서 작성을 제대로 합니다. 오타가 하나만 있어도 일을 못한다는 평가를 받을 수 있습니다. 급히 보고서를 작성하다 보면 자간이 벌어지는 등의 사소한 실수가 생기고 스페이스가 두 번 들어가기도 합니다. 업무 이메일 하나만 읽어 봐도 일을 잘하는 사람인지 못하는 사람인지 분간할 수 있습니다. 어떻게 문자를 쓰고, 어떻게 메일을 보내는가는 업무 태도와 스킬의 영역입니다. 이 부분을 잘 익히고 긴장을 놓지 않으면 일을 잘한다는 인상을 줍니다.

세 번째는 첫인상입니다. 처음에 일 잘한다는 인상을 심어 주면 그다음에는 에이스가 되고 계속 인정을 받으면서 선순환이 이루어집니다. 하지만 처음에 일을 못한다는 생각이 들게 하면, 그다음부터는 계속 의심을 받기 때문에 악순환의 고리에 빠집니다. 그래서 첫인상에 민감해야 합니다. 처음 대면에서 온 힘을 다해서 일을 잘한다는 인정을 받도록 하는 게 좋아요. 그런데 사실 처음 해 보는 일을 프로페셔널하게 잘할 수는 없습니다. 내게 익숙한 형식이 아니니 실수하거나 미진할 수밖에 없습니다. 또한 회사의 선배들은 처음 들어온 사람이 완벽하게 일을 해내기를 바라지 않습니다. 직장의 상사들은 팀원이 보고하는 일의 미진한 부분을 지적하는 데 희열을 느낍니다. 거기서 자신의 존재 가치를 발현하지요. 그리고 다음 보고서에서 "지적받은 사항들을 이렇게 고쳤습니다"라는 말을 들을 때 상사는 또 희열을 느낍니다. 존재 가치가 더욱 고양되는 것이지요. 그러면서 이런 평을 합니다. "얘는 성장 속도가 빠르다" 하는 식입니다. 이것이 일을 잘하는 일반적인 방법입니다. 완벽하게 하는 게 아니라 개선하려는 노력을 보여 주고, 그런 티를 반복해서 내는 것이지요.

마지막으로 일 잘하는 사람의 특징은 관계 면에서 신뢰감을 줍니다. 이는 결국 인간관계와 연결되는 부분입니다. 인간관계가 좋지 않은 사람도 있지만, 전문성을 갖추고 있는 사람은 대체로 인간관계에도 탁월합니다. 반대로 인간관계가 좋은 사람은 동시에 일을 잘한다는 평가를 받는 경우가 다분합니다. 그래서 직장 안에서의 인간관계나 공감 능력, 갈등 해결 능력이 업무 능력만큼 중요합니다. 일 잘하는 기술로 CEO 뷰를 이야기하면서 빨리 대응하는 것, 문서 작성을 잘하는 것, 좋은 첫인상, 인간관계에서의 신뢰도 등으로 요약할 수 있겠습니다.

자신의 일이 재미있다고 느끼는 이들이 많지 않습니다. 일이 재미없어서 괴롭다면 어떻게 해야 할까요? 많은 사람들이 일이 재미없을 때 일에 대한 도피처를 찾는 것을 위안으로 삼습니다. 취미 생활을 하거나 술을 마시는 등의 방식으로 말입니다. 업무에서 재미를 찾고자 하지 않습니다. 일은 원래 재미없는 것으로 인식하기 때문입니다.

우리가 한결같이 갖고 있는 생각이 있죠? 학창 시절엔 공부가 지겹고 싫다, 직장에서는 일이 힘들고 싫다, 그래서 공부와 일을 생각하면 스트레스를 받습니다. 실제로 공부와 노동이 정말 재미없는 것일까요? 그렇지 않습니다. 재미있는 요소가 분명히 있어요. 저는 공부와 일에 미안한 마음이 들어요. 공부와 일은 재미없는 것이라는 사회적 편견이 창궐해 있는 것에 대해 새로운 인식이 필요합니다. 우리가 어떤 사람에 대해 한 부분만 보고 "저 사람 별로야" 하는 식의 단순한 인식으로는 그 사람과 친해질 수 없습니다. 공부와 일이 재미있는지 없는지, 본인이 깊이 탐구해 보면서 다른 차원의 재미를 발견해야만 친밀해질 수 있습니다.

노동과 일에서 희열을 느끼는 사람이 분명 있습니다. 그들의 희열은 어마어마합니다. 우리가 처음 〈청춘페스티벌〉을 준비하면서 섭외 전화를 총 500여 명께 드렸습니다. 200명까지 전화 드렸을 때 180명이 거절했습니다. 그리고 나머지 300명은 수락도 거절도 아닌 무응답이었습니다. 섭외를 시도한 전체 규모에서 아주 소수의 분들만 제안을 수락하셨지요. 그러니 한 명의 연사를 섭외했을 때의 그 희열은 엄청나게 컸습니다. 집에서 텔레비전을 볼 때, 맛있는 음식을 먹을 때 느끼는 기쁨과는 차원이 달랐습니다. 저는 그 순간에 '이 기쁨은 공유하고 싶지 않다'는 생각마저 했습니다.

저는 마이크임팩트에서 하나의 일을 완수하면 다음 일을 생각했습니다. 산을 넘고 나면 바로 다음 산이 보이는 거예요. 그런데 다음 산을 생각하면 즐거운 기분에 휩싸입니다. 산을 오르기는 힘들지만 정상에서 느끼는 희열에는 중독성이 있습니다. 그런 희열은 노동과 공부에서 맛볼 수 있는 부분입니다. 큰 깨달음이 있고, 배움이 있고, 성장과 성취를 얻는 기쁨이 있습니다.

노동에 대한 편견을 내려놓도록 해요. 노동이 고단하다는 인식이 거짓은 아니지만, 주입된 것이라는 생각을 해 볼 필요가 있어요. 왜냐하면 같은 노동이지만 서양 사람들은 우리에 비해 편견을 덜 가지고 있으니까요. 같은 노동인데 즐겁게 일하는 사람들이 많습니다. 노동은 힘들다는 사고가 주입된 거라는 인식을 하고 즐거운 일상으로 바꾸려는 시도를 해야 합니다.

지금 현재 하고 있는 일에서 재미를 발견하기 위해 어떤 노력을 기울이고 있나요? 지금 하는 일이 재미가 없어서 다른 일을 찾아가면 그 일은 재미있을까요? 모든 일에는 일장일단이 있습니다. 재미있는 부분과 재미없는 부분이 양립합니다.

사실 저는 일의 재미에 대한 편견이 심했습니다. 마이크임팩트를 하면서도 재미있는 일은 좋아서 하지만, 또 어떤 건 재미없다고 생각했습니다. 그런데 내가 재미없다고 생각한 일을 굉장히 재미있게 하는 멤버를 만나게 되었습니다. 재미있다, 재미없다의 판단 기준은 저 자신의 주관적인 기준이었음을 알았지요. 어떤 일이 주어졌을 때 재미없을 수도 있지만 그 일의 정수까지 가보지 않은 상태에서 섣부른 판단은 금물입니다. 깊이 파고들었을 때 재미없으면 자신과 맞지 않는 일이지만, 이전에 경험하지 못한 재미를 느껴 간다면 내게 재미있는 일이 됩니다. 그 희열은 경험해 본 사람만이 알 수 있는, 상상을 초월하는 기쁨입니다.

●● 일에 대한 자기 주도성이 있는가

각자가 부여하는 일의 재미에 관한 방법이 있습니다. 일에 대한 것뿐 아니라 자기 삶의 주인이 되는 것도 마찬가지입니다. 첫 번째는 '자율성'입니다. 내가 하고 싶은 일에 주도권을 가지면 그 일은 재미있습니다. 누군가가 시키는 일, 심한 간섭을 받는 일에 재미를 느끼기는 어렵습니다. 프로젝트를 맡으면서 "다양한 방법으로 알아서 해 보십시오"라는 주문을 받으면 재미있게 시작할 수 있습니다.

마이크임팩트도 초창기에는 제가 일일이 간섭하다가 어느 순간부터 일이 너무 많아져서 모든 업무에 간여할 수 없게 되었습니다. 중간 리더십을 세우고 권한을 위임한 뒤로 변화가 생겼습니다. 직원들이 이전보다 즐겁게 일하는 거예요. 더불어 성과도 올라가더군요. 그때 추진한 〈2014 청춘페스티벌〉의 주제는 "이번 생은 글렀어요", 슬로건은 "그래도 우리는 졸라 젊다"입니다. 제가 만들었으면 이런 감각적인 슬로건은 나올 수 없었을 것입니다. "청춘이여, 꿈과 열정을 가져라" 식으로 정했을 거예요. 그런데 우리 멤버들이 권한을 위임받아 주도적으로 만들어가니까 이렇게 창의적이고 감각적인 슬로건이 나오고 페스티벌 결과 또한 좋았습니다.

일을 맡길 수 있다는 것은 그 일에서 성과가 나온다는 전제를 가집니다. 그 일의 성과를 책임질 수 있는 사람이 권한을 위임받아 자신감과 자율성으로 추진해 가면 놀라운 결과가 나타납니다. 성과가 안 나오는 사람에게는 프로젝트 매니저를 맡기기도 어렵고 추진하더라도 결과를 보장할 수 없습니다. 그래서 어떤 일을 주도적으로 기쁘게 하기 위해서는 성과에 대한 보장을 표현할 수 있는 능력을 갖추어야 합니다.

일을 재미있게 하는 두 번째 비결은 '스스로 목표를 세우는 것'입니다. 대부분의 사람들이 어제와 오늘이 같고 내일도 오늘과 같을 거라 여기고 살아갑니다. 모레도 비슷하겠죠. 매일매일 반복되는 시계추 같은 하루라고 말합니다. 그런데 인생은 원래 그렇게 반복되는 일상으로 채워집니다. 여기서 일상의 반복에 매몰되지 않으려면 스스로 목표를 세워야 합니다. 프로젝트에서 1차 목표, 2차 목표를 세우듯이 계획을 짜는 것이 중요합니다. 그러면 주어진 과업이 게임처럼 느껴질 수 있습니다. 하나씩 목표를 깨면서 다음 스텝으로 전진하는 거죠.

저는 마이크임팩트를 하면서 늘 다음 목표를 세워 갔습니다. 〈청춘 페스티벌〉을 할 때 단지 표를 파는 게 아니라 운영비를 넘겨보자는 목표를 세우고 그것을 달성하면 다시 새로운 목표를 세웁니다. '중국에서 해 보면 어떨까?' 새로운 도전을 생각합니다. 반복되는 일상을 살아

가지만 지루하지 않은 건 목표를 계속 세우고 하나하나 달성하면서 느끼는 쾌감이 다채롭기 때문입니다. 개인의 삶도 그렇게 채울 수 있다고 생각합니다. 그런데 이렇게까지 해도 재미가 없다면, 그만두어야 합니다. 청춘의 시간은 돈과 바꿀 수 없는 소중한 것이기 때문입니다.

●● 잘하는 일을 해야 하나, 좋아하는 일을 해야 하나

잘하는 일을 해야 할까요, 좋아하는 일을 해야 할까요? 정말 오래된 질문인데요. 어떤 일을 해야 하나요?

좋아하는 일을 할 수 있는 사람은 돈 걱정 안 해도 되는 사람입니다. 그런 사람은 그냥 막 자기가 좋아하는 일만 하면 되거든요. 그러면 내가 좋아하는 일을 하려면 돈이 얼마나 필요할까요?

10억이 있어야 하느냐? 아닙니다. 통계에 의하면 최저생계비용은 150만 원 정도라고 합니다. 먹고살 정도의 돈만 있으면 좋아하는 일을 할 수 있습니다. 사실 한 달에 150만 원까지 필요 없어요. 이 통계는 4인 가구 기준의 최저생계비입니다. 그럼 1인이면 40만 원 정도 되겠지요. 부모님께 얹혀살면서, 사고 싶은 거 안 사면서 지출을 조정하면요. 많이 써도 50만 원이면 먹고살 수 있을 겁니다. 그럼 좋아하는 일을 할 수 있는 금액입니다. 그러니까 50만 원이 없어서 좋아하는 일을 못한다, 그럼 인정! 하지만 50만 원이 있는데도 좋아하는 일을 못하면 그건 정말 좋아하는 게 아닙니다.

사실 경제적 책무를 가진 가장은 생활비 때문에 많은 수입이 필요합니다. 아이들 교육비를 대는 동시에 때로는 부모님 노후도 책임져야 합니다. 과거 세대는 그 돈을 마련하기 위해 자기 밥마저 굶으며 사는 사람이 있었습니다. 그런데 지금은 굶어죽는 시대는 아니에요. 그럼에도 불구하고 요즘은 예전보다 좋아하는 일을 하기가 힘듭니다. 왜 그럴까요? 사고 싶은 거, 먹고 싶은 거, 여행 가고 싶은 거 등 하고 싶은 게 많아서입니다. 물질문명의 폐해입니다. 우리는 지금 소비와 좋아하는 일을 맞바꾼 건 아닌가요?

●● 왜 좋아하는 일을 하지 못하나

좋아하는 일을 하지 못하는 두 번째 이유는 남과 비교하기 때문입니다. '쟤는 얼마 받는데 나는 왜 이것밖에 받지 못할까?' 이렇게 비교하면서 자존감을 결정하면 견딜 수가 없습니다. 여기서 벗어나는 길이 무엇일까요? 아예 뒤처지는 거예요. 아니면 사람을 만나지 않는 방법도 있습니다.

사실 저도 회사를 그만두었을 때 막막했습니다. 갑자기 문이 다 닫히는 것 같았고 해결책에 대한 분명한 길도 보이지 않았습니다. 그런데 의외로 괜찮았습니다. 원인을 살펴보니 제가 사람들을 안 만났더라고요. 친구들, 친척들 만나면 괴로운 때가 있죠. 저는 가까운 사람들과의 접촉을 이탈해서 다른 일을 할 수 있었어요. 좋아하는 일을 하고, 최저 생계비 확충을 목표로 버틴 것이지요. 아무리 어렵더라도 사실 최저생계비 정도는 벌 수 있어요. 회사를 만드는 자본금을 확충하는 건 다른 영역이지만, 나 한 사람의 생계를 책임지는 데는 방법을 찾을 수 있고 좋아하는 일을 할 수 있는 조건이 충족됩니다.

그러나 함부로 좋아하는 일을 벌이면 안 됩니다. 일이 안 돼서 열등 감을 느끼거나 자존감이 무너지거나 가족 관계가 깨지거나 하면 좋아 하던 그 일이 싫어집니다. 그렇기 때문에 이런 리스크를 감당할 수 있 을 때 시작해야 합니다.

마지막 질문까지 살펴봤습니다. 제가 대학교 때 좋아한 일은, 사람을 만나서 이야기를 듣고 영감을 얻는 거였습니다. 제 일도 아니고 직업도 아니고 누가 인정해 주는 것도 아니었지만, 만나고 싶은 사람이 생기면 따라가 명함을 달라 하고 스토커 취급을 받더라도 "밥 사주세요" 하며 대화를 청했습니다. 하지만 대학 시절, 제가 좋아하는 일, 하고 싶은 일 에 대해 질문을 받으면 명확하게 대답하지는 못했습니다.

그런데 신기하게도 지금 저는 사람을 만나고 강연을 연결하고 영감 을 얻는 그 일을 직업으로 삼고 있습니다. 그때 저는 제가 좋아하는 것 에 대해서 타협하지 않겠다는 생각이 있었어요. 그 좋아하는 것을 꾸준 히 지켜 왔고, 이루어질 가능성이 적었어도 내가 느낀 감정과 생각들을 인정하며 살았습니다. 저는 그것이 나의 삶을 만들고, 천직을 찾는 방 법이라고 생각합니다.

오늘의 작은 행복이 천직을 찾는 비결이 되었으면 좋겠습니다.

Q&A 1
슬럼프, 인정하고 받아들여라

일을 오래 하다 보니 슬럼프에 빠진 상태예요. 어떻게 해야 할까요?

대부분의 직장인이 갖는 고민이기도 하죠. 무기력해지기만 할 때,
그럴 때는 아무것도 하지 마세요.

원래 일을 하다 보면 슬럼프에 빠질 때가 있어요. 그런데 슬럼프의
전제 조건은 바이오리듬의 주기를 따른다는 거예요. 내려가면 분명
히 올라가는 때가 오게 돼 있어요. 그런데 이 내려가는 걸 억지로 올
리려고 하면 더 힘들어져요.

저는 슬럼프에 빠지면 슬픈 영화를 보고 울고 나와요. 혼자 지질하
게 있기도 합니다. 빨리 바닥을 찍어야 빨리 올라오니까요.

그런데 사실 직장인들은 계속 일을 해야 하고 이렇게 온전하게 바
닥을 찍을 기회조차 주어지지 않으니 심각해지죠. 그럴 때는 뭔가
하려고 하기보다는 슬럼프 자체를 자연스럽게 인정하고 그 시기를
내가 거쳐야 할 시기로 인정하고 방관하는 것도 좋은 방법입니다.

Q&A 2
첫발을 내디딜 때는 바로 앞에만 집중하라

저는 전공도 광고 분야였고, 30대 초반까지 광고 일을 했어요. 그러다가 지금 좋아하는 일을 준비하고 있어요. 좋아하는 일을 시작하려니까 부담스럽고 어려운 문제들에 마주합니다. 마이크임팩트를 창업하실 때 장애물들을 극복해낸 힘은 무엇이었나요?

좋아하는 일을 향한 출발을 축하드립니다. 저는 창업할 생각이 조금도 없었어요. 친구들끼리 모여서 재미있는 프로젝트를 한번 해보자고 하고 일을 벌인 거예요. 그런데 첫 프로젝트에 몇 천 명이 모인 거죠. 물론 대규모 적자를 감수해야 했어요. 그런데 그다음부터 비즈니스 콜이 들어오면서 창업의 길로 들어섰고 회사가 성장하기 시작했어요. 이런 연사들을 우리가 연결해서 프로젝트를 만들어 가면 되겠다, 하며 이어가다 보니까 대형 기획이 가능한 기업이 되었습니다.

돌아보면 뭣도 모르고 했던 게 이런 결과까지 온 것이지 기업이 될 줄 알았으면 쉽게 도전하지는 못했을 거예요. 저의 바보 같은 도전이 엄청난 결과를 낳은 거죠. 저는 그저 바로 앞에 주어진 하나의 과업만 봤어요. 눈앞의 프로젝트를 어떻게 수행할까만 생각했어요. 첫발을 내디딜 때는 너무 많은 걸 생각하면 부담감과 어려움에 빠질 수 있으니, 바로 앞에만 집중하는 게 좋습니다. 그렇게 도전해 보세요.

Q&A 3
이직을 하기 전에 먼저 자신의 핵심 가치를 물어라

제가 좋아하는 일이라고 생각해서 이직했고, 생각했던 것보다 성장하는 걸 느끼고 실력을 인정받기도 했습니다. 그런데 생각보다 재미가 없는 거예요. 그래서 다시 이직을 고민하는 시점인데요. 성장하는 걸 느끼는데 이직을 하는 게 맞는지 모르겠어요.

이미 나눈 이야기와 비슷합니다만, 컨설팅회사에 다닐 때 저는 '성장'이란 가치를 중요하게 여겼어요. 그러다가 인생의 끝을 생각할 때 후회하지 않을 가치를 생각하면서 회사를 그만두고 강연으로 세상을 바꾸는 가치에 집중했습니다.

지금 저는 마이크임팩트 멤버들의 성장과 저의 성장에 대한 열망이 가득합니다. '성장'이라는 일관된 가치를 두고 다양한 변주가 가능해졌지만 저의 핵심 가치는 성공보다 성장이고 그에 맞게 다음 스텝을 내디디며 살아왔어요.

그러니까 현재 성장이라는 가치가 크다면 이직을 하기보다 계속 성장해 가며 배우고 경험을 쌓는 시간이 필요합니다. 성장보다 재미라는 가치가 더 크다면 이직을 고려할 수 있습니다. 나중에 누군가가 "왜 이직을 하셨습니까?" 물을 때 정확하게 답할 수 있겠죠.

자신의 핵심 가치가 무엇인지, 다시 한번 물어보고 거기에 따라 결정하시는 것이 좋겠습니다.

Q&A 4
강연을 듣는 사람 중 변화하는 사람은 5퍼센트

대학생들을 멘토링해 보면 이들의 가장 큰 문제는 일할 기회를 얻지 못한다는 미래에 대한 불안이에요. 일단 강연의 메시지도 그렇고, 뭔가를 해봐야 이야기할 수 있는 게 생기잖아요? 그런데 사실 청년 실업이 사회 문제로 대두된 지 오래고, 이러한 구조적 문제로 대학생들이 앞으로 일할 기회를 얻기 힘든 상황에서 어떤 이야기를 들려줄 수 있을까요?

저는 인생과 사랑, 이 주제는 강연으로 소화하기 어렵다고 생각해요. 강연을 듣더라도 대부분 자신이 하고 싶은 대로 하죠.

그런데 바뀌는 사람들은 메시지에 공감하시는 분들입니다. 또 메시지에 대해 당장은 이해할 수 없지만 적어도 기억하고 싶어 하는 분들이 있어요. 살아가면서 좋은 경험을 하면 기억이 떠오를 거예요.

'아, 그 말이 이런 의미였구나' 하고요. 강연을 통해 마음에 파고든 메시지를 새겨두면 인생의 문제에 조금 더 빨리 적응하고 답을 찾아갈 수 있을 것입니다. 자신이 경험하지 못하고, 삶의 메시지를 기억하지 못하는 사람에게 어떤 이야기를 하고 이해를 시키는 건 어려운 일입니다. 저도 대학 때는 열정, 꿈 이런 이야기에 공감하다가 취업 직전에는 무수한 기업에 이력서를 쓰면서 '아, 나도 어쩔 수 없는 무력한 존재구나' 하는 생각이 들었어요.

강연은 강연 메시지에 공감하는 5퍼센트를 위한 거라고 할 수 있습니다. 소수이지만 강연을 통해 자신의 삶이 한 발자국이라도 행복한 지경으로 옮겨 갈 수 있다면 성공이라고 생각해요.

Q&A 5
진짜 현명한 판단은 단점도 같이 보는 것

저는 제가 좋아하는 일을 했어요. 그런데 제가 사정이 생겨 잠깐 그만뒀더니 그 일에 대한 미련이 많이 남더라고요. 지금 다시 좋아하는 일을 하려고 준비하는 중인데, 경험을 통해 몰랐던 현실에 대해 알게 된 정보들이 발목을 잡아요. 짜릿한 느낌은 있는데, 그 현실적 문제와 다시 맞선다는 게 고민스럽습니다.

동헌

사실 본인이 부딪치고 스스로 해결해야 할 영역입니다. 저는 현재 가려고 하는 길이 꿈과 부합하느냐를 판단하는 기준이 '얼마 동안 하고 싶은가?'가 아니라 '그럼에도 불구하고 하고 싶은가?'에 있다고 생각해요. 자기 남편이나 부인을 표현할 때 "원수 같은 사람"이라 하면서도 배우자로서 사랑한다고 하잖아요. 단점이 보여도 장점이 있으니까 같이 살고, 이 직장에 다니고, 이 일을 택하는 거죠.

진짜 현명한 판단은 단점도 같이 보는 거예요. 종합적으로 봤을 때 드러나는 위기 요소들에도 불구하고 하고 싶다면 해야 하는 것입니다. 그런데 자꾸 마음이 꺼려진다? 그럼 아직 때가 아니거나 처음부터 잘못 결정한 것 아닌지 자문해야 합니다. 현실의 장벽을 보는 것은 자신의 꿈을 더욱 올바르게 보게 하는 요인이 됩니다. 그러니까 현실을 보고 그럼에도 불구하고 할 수 있다, 하고 싶다, 한다면 뛰어들어야 한다고 생각해요.

Q&A 6
통찰의 근원은 사랑과 고통

청춘

현재 대표님 나이가 많지는 않잖아요? 그런데 청춘들에게 도움이 되는 멘토링을 할 수 있는 근원이 뭘까 생각해 보게 돼요. 독서에서 영감을 받으시는 건지, 어떤 특별한 성찰의 방법이 있는지 궁금해요.

좋게 봐 주셔서 감사합니다. 사실은 제가 인생 경험이 많지도, 지식을 많이 쌓은 것도 아닙니다. 이 강연을 제가 할 수 있을지 퍽 많은 고민을 했습니다. 그래도 제가 많은 청춘을 만나면서 느낀 건 질문이 대동소이하고 청춘 멘토들의 답 또한 거의 비슷하다는 점이었어요. 청춘들의 공통된 고민에 답을 찾아볼 수 있는 가이드북이 있으면 도움이 되지 않을까, 하는 동기에서 이 강연을 시작했어요. 안타까움을 느끼고, 연민을 느끼고, 결국은 제가 경험했고 지금도 하고 있는 저의 고민에 들어가서 함께 나누기로 한 것이지요.

제가 통찰력이 깊다고 할 순 없지만, 그래도 인생에 깨달음을 얻고 자신이 성장하는 순간을 보면, 첫째는 자기 자신과 다른 누군가에 대한 사랑의 마음이 크게 작용한 것을 봅니다. 어떤 여자를 사랑하면 무언가 끝없이 해 주고 싶습니다. 때로는 초인적인 힘이 나옵니다. 제가 강연 프로젝트들을 기획한 것도, 사람들이 많이 오는 것도 쉽지 않은 일이지만, 이런 메시지를 필요로 하는 사람을 생각하고 그 한 사람 한 사람을 위한 사랑의 마음이, 제가 가야 할 길을 열어 주었을 뿐만 아니라 많은 성원을 받게 해 주었다고 생각합니다.

두 번째는 고통인 것 같아요. 어른들이 흔히 고생해 봐야 안다고 하시잖아요. 제가 독서를 즐기긴 하지만, 예전에는 단순히 취미 생활이었어요. 그런데 마이크임팩트를 하면서 갑작스런 돌발사태와 같은 어려운 일을 자주 겪게 되었습니다. 함께하기로 한 친구들이 떠나거나 경영이 안 되는 여러 순간을 접했어요. 그때마다 무거운 책임을 지고 있는 저는 어마어마한 고통을 느낍니다. 해도 그만, 안 해도 그만인 질문이 아니라 제 전부를 걸어야 하는 중요한 문제에 맞닥뜨리죠. 목에 칼이 들어오는 문제를 어떻게 해결해야 할지 착잡해집니다. 반드시 해결하지 않으면 생사가 왔다 갔다 할 만큼의 엄청난 무게감이 덮쳐 옵니다. 그때 저한테 도움이 된 건 사람과 책이었습니다. 관련 서적을 계속 찾아서 탐독했어요. 지금도 하루에 한 권, 이틀에 한 권씩 계속 책을 읽고 있어요. 사람들이 좋다고 하는 책보다는 제가 가진 질문에 대한 답을 고민할 수 있는 책을 찾아서 읽습니다.

또 다급하니까 이 문제에 대한 이야기를 해줄 수 있는 분께 먼저 연락해서 조언을 구합니다. 어른들께 연락하는 게 쉽지 않지만 절박하면 앞뒤 따질 여유가 없습니다. 제게는 이러한 고통과 고생이 성장과 깨달음의 근원이 되었습니다.

그런데 사실 추천하고 싶지는 않아요. 여러분은 좀 편하게 사셨으면 합니다. 저는 고통과 고생의 체험을 통해 두려움과 걱정으로부터 자유로워진다는 생각을 합니다만, 사랑하는 청춘 여러분은 좀 편안한 삶을 누리면 좋겠습니다. 청춘들에게 행복한 세상이 오기를 꿈꾸며 일하는 것이 제 소명이기도 하고요.

사람,

어떻게 사람의
마음을 얻나

내가 먼저 행복의 가치를 주는 사람이 되면
행복한 관계를 맺게 됩니다.
그 행복한 관계는 가까운 곳에서 발아하여
좋은 열매를 맺게 됩니다.

좋은 인간관계는

우리 삶이 행복해지는 데

필수입니다.

●● 사람 없이 과연 행복할 수 있나

사람들은 행복을 소득과 연관 지어 생각합니다. 소득이 많다고 행복하다 할 수 없는 사례를 많이 보면서도 우리는 소득이 높아야만 행복할 줄 알고 돈을 벌기 위해 분투합니다. 재래시장에서 찐빵과 만두를 파는 주인은 음식을 한번 맛본 손님이 다시 가게에 찾아올 때 행복하다고 말합니다. 제가 아는 요리사 형님도 자신의 식당이 높은 매출을 올리는 것보다 요리를 맛보는 손님들의 얼굴에 만족스러운 표정이 떠오르는 순간에 행복을 느낀다고 해요. 전문가들은 소득의 크기와 지표보다는 마음의 평화가 행복 지수를 결정한다고 강조합니다.

행복하다고 느끼는 사람들은 대체로 직업에 만족하는 사람들입니다. 자신의 가치관과 현재 하고 있는 일이 잘 맞으면 행복하다고 말합니다. 평온한 결혼 생활도 행복에 빼놓을 수 없는 요소입니다. 즉, 좋은 인간관계는 우리 삶이 행복해지는 데 필수입니다. 자신이 정의하는 행복이나 성공에 대해 얘기해 보라고 하면 꼭 이런 대답이 나옵니다.

내가 좋아하는 사람과 함께 여행하고

맛있는 음식을 먹으며 대화하는 것

'행복'은 '사람'이 전제되어 있지 않으면 성립할 수 없습니다. 그래서 혼자서도 행복할 수 있는 사람을 찾기는 어렵습니다. 불행하다고 느끼는 사람 중에 외로운 사람이 많습니다. 말이 잘 통하고 힘들 때 위로해 주는 친구 서넛만 있으면 아무리 힘들어도 우울증에 걸리지 않고 행복해질 수 있다고 합니다. 그래서 사람과의 좋은 관계에 대한 노력이 필요합니다.

저는 청춘의 때에 좋은 사람을 많이 만나는 게 중요하다고 생각합니다. 직장인이 된 뒤에는 비즈니스 목적의 관계가 대부분입니다. 왜 친한 척하지? 뭘 팔려고 하나? 이런 생각이 들어요. 직장인들은 공감하겠지만, 사회에 나오면 점점 진정한 우정을 맺을 기회가 줄어듭니다. 하지만 대학 때는 우정의 만남을 편하게 가질 수 있습니다. 제가 대학 시절을 돌아볼 때 아쉬우면서도 잘했다는 생각이 드는 건, 다양한 사람을 맹목적으로 만난 경험입니다.

●●● 어떤 사람을 만나야 하나 - 키맨, 조력자, 선배

우리가 만나는 사람에 대해 다섯 가지로 분류할 수 있습니다.

첫째는 '키맨'key man 입니다. 나의 롤모델, 즉 내가 되고 싶은 위치에 가까운 사람이라고 할 수 있습니다. 키맨은 무작정 유명인이니까 만나

봐야지, 하는 것이 아니고 내가 꿈을 이루는 데 도움이 되는 사람입니다. 구체적인 꿈이 없으면 아무나 만나게 되죠. 만약 스쿠버다이빙을 하고 싶다면 스쿠버다이빙 전문가를 찾아야 합니다. 그런 바람으로 갖는 만남이 키맨과의 만남입니다.

제가 창업한 뒤 만나고 싶은 키맨은 다음 창업자 이재웅 대표님과 프레인 여준영 대표님이었습니다. 저는 그분들이 저를 만나주지 않을 거라 생각했습니다. 그런데 만나주셨습니다. 성공한 분들은 꿈을 갖고 이루어 보려는 후배를 도우려는 마음이 있거든요. 저도 창업을 꿈꾸는 사람이 있으면 받은 사랑대로 도와주고픈 마음이 있습니다.

둘째는 '조력자'입니다. 키맨은 내 꿈을 이루는 데 조언을 해줄 수는 있으나 실제적이고 현실적인 도움을 줄 수 있는 사람은 아닙니다. 왜냐하면 격차가 크기 때문이죠. 한편 조력자는 당면한 문제를 해결하는 데 도움이 되는 사람입니다. 감사하게도 제게는 많은 조력자가 있었습니다. 먼저 다가와 주셨지요. 창업 초기, 사무실이 없어서 커피숍을 전전하며 일했습니다. 그런데 우리 이야기가 신문에 난 걸 보고 어떤 사업가 한 분이 1년간 무상으로 사무실을 임대해 주셨어요. 꿈이 있으니까 꿈을 알아보는 이가 먼저 손을 내밀어 주더군요.

또 좋은 인재를 많이 알고 있는 친구가 있었어요. 그 친구는 경영 동아리 활동을 했는데 이 친구를 통해 마이크임팩트에 귀중한 멤버들이 많이 들어왔습니다.

사람을 만나기 전에 내가 꿈꾸는 게 무엇인지, 나한테 필요한 게 무엇인지 구체적으로 알아야 합니다. 저는 필요한 것에 대한 명확한 인식이 있었고, 그에 딱 맞는 좋은 조력자들이 있었던 것에 참 감사합니다.

셋째는 '선배'입니다. 선배가 필요한 것은 고민에 대한 구체적인 답을 알고 있기 때문이에요. 믿었던 직원이 퇴사한다고 하면 어떻게 해야 할까요? 비즈니스 모델을 어떻게 찾아야 할까요? 이런 고민은 키맨이나 조력자보다 선배가 답해 줄 수 있습니다. 나보다 삽질을 조금 일찍 한 사람이 선배입니다. 2, 3년 정도 앞서간 분이 좋습니다. 해결해야 할 문제에 대한 아주 구체적인 답을 들을 수 있습니다. 내가 고민하는 문제를 최근에 다 겪어 봤기 때문에 가장 구체적인 혜안을 얻을 수 있습니다.

선배의 필요성은 사업에만 국한된 게 아닙니다. 갓 결혼한 사람, 갓 취업한 사람에게 2, 3년차 선배가 꼭 필요합니다. 보통은 이런 선배를 대하기 어려워하지만 가장 실제적인 조언을 해 줄 수 있는 사람입니다.

●●● 어떤 사람을 만나야 하나 - 동료, 후배

넷째는 '동료'입니다. 마이크임팩트를 시작할 때 누구와 같이 했느냐는 질문을 많이 받았습니다. 제가 경영학도니까 경영학과 친구와 창업했을 거라고 예상하지만, 저는 대학교 4학년 때 아프리카 수단에 함께 간 친구 다섯 명과 시작했습니다. 사업 초반에 함께한 그 친구들은 저와 사하라 사막을 걸으면서 꿈을 이야기하며 우정을 나눴습니다. 경영학과 다닐 때는 다들 취업 이야기만 하지만, 저는 아프리카에서 같은 비전을 가진 동료를 만난 겁니다.

같은 취향을 가진 사람을 만나십시오. 꿈이 명확하지 않더라도 같은 취향을 지닌 사람을 만나면 서로에게 많은 유익을 주고받습니다. 좋아하는 게 같아서 통하는 부분도 많습니다. 저는 마이크임팩트를 하면서 능력 있는 친구들보다 비전이 같은 친구들이 삶의 파트너로 삼고 함께 가는 경우를 많이 보았습니다. 그러니까 서로 무엇을 좋아하고 어디를 바라보느냐가 중요합니다. 비전이 같은 동료는 젊었을 때 만나기 쉽습니다. 제가 중장년이 되어 창업한다면 함께할 동료와 지분 이야기부터 할지 모릅니다. 함께 오래 가는 인생의 동료를 일찍 만나는 건 중요한 일을 시작하는 데 큰 도움이 됩니다.

다섯째는 '후배'입니다. 저는 후배들에게 밥 사주고 술 사주고 하는 게 전혀 아깝지 않습니다. 후배들의 마음을 얻기는 쉽습니다. 밥 사주면서 이야기를 들어주면 됩니다. 솔직히 예전에는 후배를 만나면 돈 버리는 것 같아 아까웠던 적도 있었지요.

시간이 지나니 후배들이 저에게 정말 큰 힘이 되더라고요. 마이크임팩트에서 인턴으로 사회에 첫 발을 내디딘 한 후배가 유명 기업에 취업해서 마이크임팩트에 협력 프로젝트를 의뢰한 적이 있습니다. 우리의 대형 프로젝트 가운데 하나도 그런 식으로 길이 열렸습니다. 이런 관계의 유익을 발견하고 안목을 가질 수 있는 것은 제가 사업을 하면서부터입니다. 이직을 원하거나 결혼할 상대를 찾을 때도 선배나 동료들보다 후배를 통해 연결되는 경우가 종종 있습니다.

〈무한도전〉 김태호 PD를 강사로 섭외하기 위해 오랫동안 끈질기게 연락을 했었습니다. 키맨으로 생각하고 수차례 연락했지만 김PD님 스케줄이 도무지 맞지 않아 강사로 모시기가 어려웠습니다. 그러다가 길이 열렸습니다. MBC 파업 때문에 〈무한도전〉 녹화 일정에 틈이 생긴 것이었지요. 그때 강연 일정을 만들 수 있었습니다. 물론 키맨이라는 목적을 갖고 들이대지는 않았습니다. 만나자마자 개인적인 관계를 맺으려고 했지요. 지금은 김PD님이 마이크임팩트의 고문이 되어 주고 계십니다.

사실 사람관계에서는 이런 노력과 끈기가 중요합니다. 마이크임팩트 초기에 우리가 섭외한 사람은 파란색으로, 거절한 사람은 회색으로 표시해 보았습니다. 세어 보니까 11명을 섭외했더라고요. 168명이 거절했습니다. 그리고 350명 정도가 무응답이었습니다. 섭외 시도에 대한 성공 비율은 2퍼센트 정도였습니다.

그런데 제가 이렇게 거절당하면서도 계속 도전할 수 있는 이유는 무엇이었을까요? 간절했기 때문입니다. 거절당하면서 겪는 두려움이나 불편함 때문에 좌절한다는 건 배부른 투정입니다. 내가 지금 해야 하니까 반드시 만나야 했고 계속 요청해야 했습니다.

사람을 만날 때 힘든 것은 불편함과 두려움 때문입니다. 하지만 간절함과 꿈을 향한 목표가 있으면 상한 감정을 이겨낼 용기가 생깁니다. 장애물을 극복하고 어려움을 견디면서 저 사람과 관계를 맺고 싶다는 의지와 끊임없는 노력이 필요합니다. 어떤 사람을 만나고 싶은가요? 어떤 노력을 하고 있나요?

●● 어떻게 사람의 마음을 얻나
- 속마음 털어놓기

어떻게 사람의 마음을 얻을 수 있을까요? 인간관계에서 사람의 마음을 얻는 것은 이성적인 것과는 좀 다를 수 있습니다. 제가 마음이 끌린 사례들을 생각해 보았습니다.

첫 번째, 자신의 속마음을 털어 놓는 거예요. 마이크임팩트는 연말에 대국민 스토리 오디션 콘셉트의 '골든마스크'라는 이벤트를 엽니다. 말 잘하는 많은 청춘들이 지원했습니다. 그런데 한번은 대학에 갓 입학한 스무 살짜리 친구가 오디션에서 1등을 했습니다. 자신이 열일곱 살에 창업했다가 망한 치킨집 이야기로 오디션 내용을 구성했어요. 본인은 원래 '쭈구리'_{지질한 사람을 뜻하는 속어}였다는 거예요. 그런데 치킨집을 하면서 자신이 변화한 이야기, 치킨집이 망하면서 깨달은 사회의 부조리를 전달했어요. 메시지도 좋았지만 그 친구가 마음속 깊이 들어온 이유는 따로 있었습니다. 좀 속된 표현이지만, 자신의 쪽팔린 모습마저 드러내 보이는 솔직함이 제 마음을 사로잡았습니다.

저는 리더로서의 책임감 때문에 잘하는 모습만 보여 주려는 강박관념이 있었습니다. 어렵고 힘든 것은 잘 표현하지 않았습니다. 그런데 어느 날 술을 많이 마신 뒤 처음으로 힘든 마음을 꺼내 보았습니다. 그러자 멤버들이 대표님도 사람이구나, 하면서 힘을 다해 도와야겠다는 생각을 하더라고요. 정말 깜짝 놀랐습니다.

그다음부터는 솔직하게 어려운 부분을 드러내는 것을 경영 전략으로 활용하기도 했지요. 이런 식으로 말이에요. "참 중요하고 꼭 해야 하는 일이지만 나는 부족해서 못하겠어요. 어떻게 해야 할까요?" 그러면 누군가가 자신이 해 보겠다며 자원해 줍니다. 이제는 멤버들이 제 전략을 간파해서 안 통하는 것 같긴 하지만, 아무튼 자신의 연약한 단점마저 드러내야 마음을 얻을 수 있습니다.

우리는 보통 예쁘고 멋진 모습을 보여 주려고 하잖아요? 물론, 세련된 모습으로 어필하는 것도 중요합니다. 그러나 가끔은 허술한 모습을 감추지 않는 것도 필요합니다. 그런 매력은 상대방을 무장해제시키며 마음을 활짝 열게 만들기 때문입니다.

●●● 어떻게 사람의 마음을 얻나
– 손해를 기꺼이 감수하기

사람의 마음을 얻는 두 번째 방법은 손해를 감수하는 것입니다. 흔히 사람들은 자신이 덜 받았다고 생각하고 손해 봤다고 생각해요. 그러니 상대방에게 1.5배를 내어 주면 균형이 맞춰집니다. 손해를 보겠다는 생각을 갖지 않으면 본전을 생각하게 되고, 그러다 보면 뭔가 자꾸 따지며 계산하게 되지요. 그럴 때 서운함이 틈타면서 관계가 틀어지는 경우가 비일비재합니다. 만약 부모님이 자식에게 베푼 것을 본전 계산하기 시작한다면 어떨까요? 우리가 어떻게 상환하겠어요?

사람을 처음 대할 때는 '무엇을 줄까' 먼저 생각하는 것이 우정을 맺는 방법입니다. 사람을 만날 때 내가 무엇을 줄 수 있는지 고민해서 제안해 보세요. 실제로 주고받는 도움의 여부는 상관없습니다. 도와주려는 자세만 갖추어도 충분합니다. 도움이 오가지 않더라도 도와주려는 태도를 보이는 것만으로도 상대방은 내가 자신에게 도움이 되는 사람이라고 생각합니다.

●●● 어떻게 사람의 마음을 얻나
– 먼저 칭찬하기, 먼저 챙기기

세 번째 방법은 먼저 칭찬하는 겁니다. 예쁘다, 멋있다, 잘생겼다 등의 칭찬을 듣고 싶다면 어떻게 해야 할까요? 먼저 상대에게 해 주면 됩니다. 그럼 두 가지 반응이 나와요. "아니에요, 아니에요." 이런 반응이거나 "당신이 훨씬 더 멋진데요"라고 할 것입니다.

저도 강연할 때 많이 쓰고 있습니다. 강연자가 청중을 먼저 칭찬하는 것이지요. '장기하와 얼굴들'의 콘서트에서도 장기하 씨가 관객들에게 어디서 왔냐고, 왜 이렇게 잘 노냐고 칭찬부터 해요. 그러면 관객들은 더 신나게 놀며 콘서트를 즐기죠.

한번은 멤버들에게 '9.16'을 써서 내 생일이라고 말했습니다. 그러고는 "너는 왜 나한테 선물 안 줘?" 했더니 "대표님도 저한테 선물 안 주셨잖아요!" 그러더라고요. 그때 깨달았어요. '9월에 있는 내 생일에 선물을 받으려면 최소한 7, 8월의 생일자들은 꼭 챙겨야겠다' 하고요. 이게 진리예요.

칭찬, 감사, 공감이 입에 붙은 사람들이 있습니다. 저도 많이 노력하는 부분입니다. 이메일 답장에서 마지막에 꼭 "감사합니다"라고 씁니다. 잠들기 전에도 그날 감사했던 사람 세 분 정도를 떠올리고 문자를 보내요. 그러면 그분들은 손발이 오그라든다고 하면서도 아주 좋아하시지요.

●● 안전거리를 유지하는가

사람의 마음을 잡는 것도 중요하지만, 마음이 깨지는 경우에 대한 대처도 감안해야 합니다. 마음이 떠날 때는 대부분 사소한 오해에서 비롯됩니다. 그래서 사소함을 잘 다룰 수 있어야 합니다. 사소하다는 특성 때문에 감정이 상한 사람은 그 마음을 표현하기 꺼려합니다. 이럴 때는 상처를 준 사람이 먼저 이야기를 꺼내야 합니다. 먼저 대화의 주도권을 갖고 풀어 주는 게 최선의 해결책입니다.

오랜만에 고향인 제주도에 갔을 때 일입니다. 죽마고우인 친구가 제게 전화를 했다가 오해가 생겼습니다. 제가 보조 배터리를 안 챙겨서 휴대폰이 꺼져 있던 차에 제게 전화한 거죠. 나중에 보니 부재중 전화 10통이 와 있더군요. 저와 연락이 안 된 그 친구가 다른 친구한테 전화를 해서 동헌이와 전화가 안 된다고 했더니, 다른 친구가 "나 방금 통화했는데"라고 했답니다. 그래서 저한테 오해한 친구는 석 달이나 연락을 안 하고 삐친 상태로 지냈습니다. 그 사실을 제가 알고 사과했죠. 이런 사소한 오해가 큰 틈을 만들기도 합니다. 먼저 사과하면 대부분 "아니야, 내가 괜히 오해했어" 하고 쉽게 풀립니다. 사소한 것일수록 먼저 사과하는 게 중요합니다.

친구와 여행을 해 본 적 있다면 경험해 봤을 거예요. 아무리 친해도 2주 정도 같이 다니면 갈등이 생깁니다. 저도 친구와 같이 여행하던 중에 미묘한 다툼이 계속 쌓여서 하루는 따로 다니자 하고 각자 관광하다가 다시 만났어요. 그러니까 좋더라고요.

사람과의 관계는 난로와의 안전거리를 유지하듯 지내는 게 좋습니다. 너무 가까우면 뜨겁고, 너무 멀리 있으면 쌀쌀해지니까요. 일정 거리를 잘 유지하는 지혜가 필요합니다. 그래서 심리적인 공간을 두는 것이 마음을 얻고 나서 관계를 잘 유지하는 비결이기도 합니다.

●●● 불편한 사람과 어떻게 해야 하나

마음을 얻는 것도 중요하지만, 인간관계에서 진짜 어려운 문제는 불편한 사람을 어떻게 대해야 하느냐입니다.

제가 마이크임팩트를 하면서 반복해서 경험하는 사례가 있습니다. 다양한 사람들이 모여 일하다 보니 여러 일을 겪게 되는데, 언젠가 한 멤버가 다른 멤버의 단점을 이야기하는 것을 듣곤 깜짝 놀랐어요. 제가 보기에 그 단점은 본인의 단점이기도 했거든요. 자신이 지닌 단점은 아랑곳하지 않고 다른 사람을 흉보고 있어 당혹스러웠습니다. 그날 저는 인간관계가 거울과 같다는 생각을 했습니다. 흉을 잘 보는 사람은 본인이 고쳐야 할 단점이 많다는 것을 먼저 살펴야 합니다. 자기 단점이 많으니까 남의 단점이 잘 보이는 것입니다. 특히 고질적인 자기 단점임에도 불구하고 다른 사람의 단점만 보는 것은 문제이지요.

또한 타인의 안 좋은 점을 바꾸고자 하는 것은 욕심임을 인지해야 합니다. 그 사람의 어떤 점은 도무지 내가 감당할 수 없다고 이야기하는 것 자체가 그 사람을 바꾸려는 욕심입니다. 내게도 비슷한 점이 있다는 것을 파악하고 나를 고치려고 하지 않으면 타인도 나도 개선되지 않습니다.

마이크임팩트를 하면서 경험하게 됩니다. 사람은 잘 바뀌지 않는다는 것을 말이지요. 자아가 바뀌는 경우는 중대한 터닝 포인트에서만 가능합니다. 그러니 상대방을 인정하면 편해집니다. '이 사람이 이런 또라이 같은 점이 있지만 좋은 점도 있다.' 이렇게 인정하는 것이지요.

●● 또라이 질량 보존의 법칙

'또라이 질량 보존의 법칙'이라고 들어 보았나요? 직장생활 하는 분은 감이 올 겁니다. 언제 어디서나 일정 수의 '또라이'가 존재합니다. 만약에 우리 팀에 상또라이가 있어서 팀을 바꾸면 또 거기에 그만한 상또라이를 만납니다. 혹시 좀 약한 또라이가 있다면 이번에는 또라이의 숫자가 많을 거예요. 회사를 옮겨도 또 그만한 또라이가 있어요. 예외는 거의 없습니다. 이를 악물고 버텼더니 그 또라이가 그만두는 기적이 일어날 수도 있습니다. 하지만 기뻐하긴 이릅니다. 그 자리에 또 다른 또라이가 들어옵니다. 이게 또라이 질량 보존의 법칙이에요. 네 곳의 회사를 경험해 본 저와 10명의 친구들을 통해 증명한 법칙입니다. 만약 회사에 그런 또라이가 없다면 본인이 그 또라이입니다.

10명이 모이면 호감이 가는 사람이 두세 명 있고, 나한테 호감을 주는 사람이 두세 명 있습니다. 그리고 진짜 또라이가 한두 명 있고 나머지는 서로 무관심한 사람입니다. 그런데 이 분류를 당연한 것으로 받아들이면 마음이 편해집니다. 나를 싫어하는 사람 혹은 괴로움을 주는 또라이 때문에 고통스러워할 필요가 없습니다. 어디에나 존재하는 사람, 내가 어쩔 수 없는 사람이라고 인정해야 받아들이고 함께할 수 있습니다.

그런데 직장 상사나 또라이와 이야기하면서 시시비비를 가려야 하는 순간이 있습니다. 그 경우 결말은 거의 같습니다. 관계가 파탄이 나고 말아요. 시비를 가리게 되면 본능적으로 상대가 날 좋아하지 않는다는 걸 알아차리게 됩니다. 자기 잘못을 인정할 리가 없죠. 그때부터는 자존심을 바짝 세우면서 언성은 높아지고 결국 내가 원한 결과를 얻지 못합니다. 자신을 주장하는 식의 논쟁은 상처와 불화만 낳습니다.

그럴 때 방법이 있어요. "너 왜 그렇게 서운하게 하니?"와 "네 말을 듣고 나니 내가 서운한 느낌이 든다"는 서로 다릅니다. 내가 느끼는 감정을 말하는 방식에서 차이가 있습니다. "너 왜 그렇게 서운하게 하니?"라고 하면 이유를 설명해야 하고 취조당하는 입장에 서야 하는 반면, "서운한 느낌이 든다"고 말하면 "아, 그래?" 하고 공감의 대화로 이어질 수 있습니다. 공감의 대화로 이어질 때 문제는 훨씬 쉽게 풀립니다.

●● 상처주는 사람은 어떻게 해야 하나

다음은 상처를 주는 사람들에 대해서 이야기해 보죠. 남에게 상처를 잘 주는 사람은 자기 마음에 콤플렉스가 있는 경우가 많습니다. 그래서 상처를 잘 주는 사람에게 연민을 가질 필요가 있습니다. 도움이 필요한 불쌍한 사람으로 여기는 거예요. 습관적으로 상처를 주는 직장 상사가 있죠? 그럴 때 연민의 감정을 가져 보세요. "아, 저분은 어렸을 때 큰 상처나 결핍이 있었겠구나" 하고 이해해 보는 거죠.

저는 이런 불편한 관계에서 배우는 게 많았습니다. 마이크임팩트를 창업하기 전에는 쿨하게 지내는 관계가 대부분이었어요. 그런데 마이크임팩트를 운영하면서 서로의 감정이 상하는 관계가 종종 생겼습니다. 저 때문에 상처받고 떠나는 사람도 생기면서 저를 돌아보고 변화시키는 기회를 얻을 수 있었습니다. 그 사람의 잘못만은 아니라는 이해의 폭도 얻을 수 있었고요. 저는 관계에 문제가 생기면 깊이 생각하며 배우는 게 많아 감사하게 됩니다. 우선 내 자신이 더 좋아질 수 있는 기회입니다.

●● 믿었던 사람에게 배신당하면 어떻게 하나

제 친구 중에 충남 쪽에서 '짱'이었던 녀석이 있었어요. 그 친구가 개업을 해서 후배와 함께 찾아가 보았지요. 그런데 알고 보니 제 후배가 예전에 점심시간마다 그 친구에게 맞았다는 거예요. 그런데 개업한 친구는 때린 기억이 전혀 안 난다고 하더군요. 반면 그 친구도 속칭 '다구리' 라는 몰매를 맞은 적이 있거든요. 그런데 자기를 세게 때린 사람들 얼굴은 세세히 기억하고 있었습니다. 결국 과거의 상처는 가해자가 아니라 피해자가 갖고 사는 아픔입니다. 그때 저는 기억의 오류를 깨달았어요. 각자 받은 수많은 상처에 대해서도 그 가해자에게 물어보면 기억하지 못할 거예요.

그러니 상처를 안고 살면 피해자만 더 손해를 보는 겁니다. 여기서 벗어나려면 어떻게 해야 할까요? 한 가지 방법밖에 없어요. 용서하는 것입니다. 말처럼 쉽지는 않습니다. "뭐 친구니까, 사람이 실수를 할 수 있으니까." 이런 게 아니에요. 용서는 그 사람을 위해서가 아니라 나 자신을 위해서 해야 합니다. 행복해질 권리를 되찾는 게 용서입니다. 그래도 억울한 마음이 들잖아요. 그럼 일단 결정을 내리고 용서하겠다고 선포하세요. 그러면 용서가 시작됩니다.

그런데 사실 나는 배신당했다는 상한 감정의 기억을 갖고 살지만, 상대방 입장에서 보면 오해인 경우가 있어요. 그러니까 '어떻게 나한테 이럴 수 있을까!' '나를 배신하다니' 하는 감정에만 붙잡혀 있지 말고 상대가 왜 그렇게 행동했는지 찬찬히 생각해 보세요.

배신한 친구는 어떻게 해야 할까요? 예를 들어 어떤 친구가 내 물건을 훔쳐갔어요. 우리 바람대로라면 그 친구가 훔쳐간 걸 털어놓고 사과했으면 하겠죠. 하지만 그 친구에게 사과를 강요하는 건 또 다른 폭력일 수 있습니다. 친한 친구의 물건을 훔쳐갔다고 고백하는 건 정말 어려운 일입니다. 여기서 선택을 해야 해요. 잃어버린 물건을 택할 것인가, 아니면 친구를 택할 것인가. 만약 친구를 택하고자 한다면 확실하게 눈을 감아버리는 것이 방법입니다. 반대로 물건을 택했다면 대놓고 말하는 거예요.

친구에게 돈을 빌려줄 때는 그냥 잃어버렸다고 생각할 만큼 주라는 말이 있습니다. 저도 그렇게 하는 편입니다만, 그럼에도 관계가 파국을 맞기도 합니다. 이럴 때는 보통 상대방에게 심한 욕을 듣습니다. 그래서 막말이 같이 나오려 할 때는 먼저 말하는 거예요.

"나는 너에게 이런 게 미안했고 이런 게 고마웠어."

그러면 내가 이기게 됩니다. 상대방은 마음에 짐을 지고 살아가게 되지요. 고맙다, 미안하다는 말을 먼저 하세요. 승자가 될 것입니다.

●●● 어떻게 내 사람을 알아보고 만들 것인가

저는 이 질문에 대한 답도 사랑과 비슷하다고 생각합니다. 연인처럼 대해야 내 사람을 얻을 수 있다는 데서 착안할 수 있습니다. 마이크임팩트 멤버들이 사진 찍을 때 보면 다들 본능적으로 또라이 모습을 연출해요. 우리는 입사 지원자들을 스펙과 조건 등으로 선별하지 않고 "어, 이 사람은 우리 종족인데" 하는 느낌으로 뽑습니다. 다양한 사람을 만나면서 어떤 사람을 보면 "우리 과구나" 하는 직감이 올 때가 있어요.

제 생일에 있었던 일이에요. 제 인생에 고맙고 의미 있는 사람들을 다 초대했어요. 다들 초면이라서 쭈뼛쭈뼛해 하여 파티 분위기는 망해가고 있었지요. 그런데 재미있는 사실을 발견했습니다. 초대받은 사람들이 서로 하는 말이 "어, 저 사람 나랑 좀 비슷한데" 하는 거예요. 모아 놓으니까 다 비슷비슷하더라고요. 어떤 사람이 내 사람인지는 친한 사람들을 모아 놓으면 어느 정도 알 수 있습니다. 나와 통하는 사람이라는 느낌이 오지요.

사람을 많이 만나는 제게는 필터링 능력이 중요합니다. 단순히 스치고 지나는 인연이 아닌, 진짜 내 사람이 누구인지 알아보는 능력이지요. 내 사람을 알아보고 같이 가면 인생에도 사업에도 큰 도움이 됩니다. 힘든 일이 있을 때 도와주는 사람이 참 중요합니다.

저는 좋은 일이 있을 때 진심으로 축하해 주는 사람이 진짜 내 사람이라고 정의합니다. 진심으로 축하해 주기란 쉽지 않으니까요. 가족 정도 되어야 진심으로 축하해 줄 수 있습니다. 가족은 명백한 내 사람이지요. 친구가 잘되는 게 정말 기쁘다면 그 사람은 분명히 내 사람이기 때문입니다. 감사하게도 저는 그런 친구가 몇몇 있습니다. 고등학교 때 친구들은 서로 못생겼다, 재수 없다, 이런 말을 아무렇지 않게 내뱉습니다. 그런 말을 계속 하는데도 정이 식지 않아요. 성인이 되어서 만나는 관계에서는 그런 표현은 무례한 언사가 됩니다. 그런데 철없을 때부터 만난 친구들끼리 함부로 말하는 대화에서는 내가 잘되길 바라는 것과 나를 사랑하는 게 느껴져요. 그래서 거의 욕이나 다름없는 표현을 들어도 기분 나쁘지 않습니다.

한번은 친구에게 크게 감동받은 일이 있어요. 중요한 프로젝트를 앞두고 야근을 하고 있었는데, 친구가 빵 70개를 사들고 방문한 거예요.

진짜 큰 감동이었어요. 저를 주려고 사온 게 아니라 마이크임팩트 잘되라고 전 직원들이 먹을 빵을 사왔다는 거예요. 빵집의 남은 빵을 모조리 쓸어왔다고요. 빵값 15만 원으로 제 마음을 모조리 가져갈 수 있다는 것을 느꼈어요. 그 친구는 지금도 제게 아주 소중한 사람으로 남아 있습니다. 사람을 깊은 배려로 챙기면, 또 다른 차원의 감동이 전해집니다. 소중한 사람을 섬기면 큰 영향력이 일어나고요.

몇 해 전 마이크임팩트에서 같이 일한 친구들을 모두 불렀어요. 우리는 그들을 졸업생이라고 부릅니다. 역전의 용사들을 보는 느낌이었어요. 함께 사무실 책상을 조립하고 불가능해 보이는 프로젝트에 도전했지요. 회식비가 100만 원 넘게 나와 울상이던 기억도 있어요. 그 모든 기억을 공유한 사람들이었습니다.

난관을 함께 거친 경험이 많으면 서로 애틋해집니다. 그래서 더 완전한 내 사람이라는 느낌이 들지요. 위험한 여행을 함께한 친구들도 그렇고요. 아프리카 수단에서 만난 친구들은 같이 험로를 다니다 보니까 마음을 합하게 되더라고요. 사막이라 에어컨을 틀면 모래바람이 실내로 들어왔어요. 현지인이 환영한다고 양고기를 주었는데, 냄새가 너무 나서 못 먹을 정도였어요. 여러모로 힘들다 보니까 함께 여행한 친구들끼리 아주 친해졌지요. 내 사람은 이렇게 고통을 함께 겪으면서 만들어지기도 해요.

인맥 관리는 어떻게 해야 할까요?

　- 먼저 연락해요.

　- 생일이나 명절에 안부 문자를 보내요. 단체 문자 같지 않게.

　- 그 사람이 생각나면 꼭 연락을 해요.

　- 깜짝 선물을 보내요.

인맥 관리에 대해서는 고민을 많이 해서 다들 각자의 방법이 있을 것입니다. 저는 의도치 않게 인맥 관리의 대상이 되었다고 느낀 적이 있습니다. 교우신문에 마이크임팩트에 관한 기사가 실리자 많은 선후배, 동기들이 연락해 온 것이지요. 사실 인맥 관리라고 하면, 우리가 먼저 연락해서 관리해야 한다고 생각하잖아요. 언제부터인가 인간관계를 관리하며 산다는 데 어려움을 겪고 있었는데 먼저 연락이 와서 신기했습니다.

브랜드의 힘이란 생각이 들었습니다. 이 사람이 어떤 분야에서 탁월하다고 알려지면 필요한 연락이 답지해 옵니다. 회사도 마찬가지입니다. 회사의 브랜드파워가 일정 수준 이상이 되면 함께 일하고 싶다는 사람들이 찾아옵니다. 한 분야에서 탁월한 능력을 발휘하고 있으면 서로 스카우트하려고 연락하는 것처럼 브랜드의 힘은 굳이 인맥을 관리하지 않아도 관계성에 호조를 이루어 줍니다. 결국은 자신이 어떤 브랜드력을 갖느냐가 중요합니다. 브랜드력이 생기면 그로 인해 예상하지 못한 지점까지 인맥이 닿게 됩니다. 고차원적인 인맥 관리가 이루어지지요.

또 한번 인맥 관리가 되고 있다는 느낌을 받은 적이 있습니다. 이른 바 윈윈 관계라고 할 수 있습니다. 우리가 아직은 작은 규모에서 열심히 하는 벤처 기업이지만, 어쨌든 창출해내는 가치가 생기다 보니 그 가치가 필요한 사람들이 생겼습니다. 그러니까 내가 무언가를 주고자 연락하는 게 아니라 내가 줄 수 있는 가치를 극대화하다 보면 이를 필요로 하는 사람들이 연락을 해 옵니다. 그래서 선한 영향력을 발휘할 수 있는 가치를 크게 향상시킬 필요가 있습니다. 대학 시절 공모전에 같이 응모할 때 "PPT는 이 친구가 잘해" "리서치는 이 친구가 잘해" 하는 평가를 받는 친구들에게는 당연히 연락하게 되거든요.

강연 사업을 통해 사람들과 친해질 기회가 많습니다. 그래서 다른 사업, 이를테면 엔터테인먼트나 공연이나 저널리즘 분야의 사람과 친해지는 비결을 알게 됐어요. 동종 업계에서 1위를 하는 거예요. 우리와 규모 면에서 큰 차이가 나는 기업이어도 그 산업의 1인자를 쉽게 만날 수 있습니다. 그러니까 결국 관계를 쌓는 것도 중요하지만 자신의 역량을 키워서 브랜드를 만들면 인맥 관리는 자연스럽게 이루어진다고 할 수 있습니다.

●●● 인맥 관리는 가치의 주고받음

인맥 관리는 가치의 주고받음입니다. 주고받는 게 많아지면 관계는 강화됩니다. 그래서 윈윈 관계로 서로 유익을 주고받는 교류를 많이 해야 합니다. 보통은 현재 자신이 주는 것만 생각하는데, 자신이 받을 때 타이밍을 놓치지 않고 감사의 메시지를 전하는 게 중요합니다. 도움을 받은 것보다 조금 더 오버해서 감사의 마음을 전하는 게 좋습니다. 감사함을 많이 표현하면 다음에도 도와주고 싶은 마음이 생길 수밖에 없습니다. 미리 도움을 받고 싶거나 가치를 인정받고 싶을 때 해야 하는 건 미리 감사하는 거예요. 미리 감사를 하면 도와줄 수밖에 없거든요. 그러니까 감사의 메시지를 제때 전하기만 해도 인맥 관리가 된다고 할 수 있습니다.

사실 제가 가장 마음을 얻어야 할 사람은 마이크임팩트 멤버들입니다. 또 멤버들의 부모님도 마음을 얻어야 하는 대상이지요. 그래서 뭘 할 수 있을까 고민을 많이 했습니다. 한우 세트 같은 선물을 생각할 수 있겠지만, 마음을 전하기 위한 선물로 영상을 찍어서 멤버 부모님들께 카톡으로 보내드렸어요. 난리가 났어요. 멤버들 간에도 화제가 되었지요.

이를 통해 인간관계에서 중요한 건 진심이라는 것을 다시금 생각하게 되었습니다. 저 사람을 생각하는 마음, 저 사람이 잘됐으면 하는 마음, 이런 진심이 없으면 결국 이해관계밖에 안 됩니다. 그러니 어떤 사람의 마음을 얻고 싶을 때, 친해지고 싶을 때는 다른 걸 떠나서 진심으로 다가가면 됩니다. 그 진심이 서로 통하면서 인생에 꼭 필요한 좋은 사람으로 남을 거라고 확신합니다.

Q&A 1
관리할 필요가 없는 친구가 진정한 친구다

청춘

적은 수의 친구를 굉장히 깊게 사귀는 사람이 있고 많은 사람과 두루두루 사귀는 사람이 있는데, 대표님은 어떤지 궁금합니다. 바쁜 일상에서 어떻게 사람들과 관계를 유지하는지도 궁금하고요.

동헌

저는 인간관계가 얇고 넓은 편이에요. 넓게 사귀면 그중 한 명 정도는 깊은 관계로 진전이 되곤 하고요. 사회인이 되어 만나는 관계는 얇고 넓어지는 게 일반적이지요. 이런 관계에서는 관리가 필요하고요.

그런데 깊고 진한 친구들은 아주 오랜만에 만나도 며칠 전에 만난 것 같습니다. 그래서 깊고 진한 친구는 관리가 필요하지 않은 친구라고 정의 내릴 수 있어요. 명절에만 만나도 편하고 좋은 친구들이죠. 그리고 어렵고 힘들 때 가장 먼저 찾아가서 고민을 나누게 되고요.

얇고 넓은 관계는 내면이 안정되어 있을 때 만나게 되고 비즈니스 범위 내에서 대화를 나누죠. 비즈니스적인 친분에서 괴로운 마음마저 편히 나눈다는 건 쉽지 않습니다. 서로 좋은 평가와 호의적 관계를 유지하기 위해 식사를 하거나 티타임을 가지는 정도로 신경 쓰지만, 마음을 깊이 나눈다는 것은 오랜 세월을 공유해야 하고 적은 수의 친구 관계에서 가능한 부분이라고 생각합니다.

Q&A 2
공적 관계의 프레임을 깨고 사적 관계로

청춘

제 친구는 성격도 활발하고 무난했어요. 그런데 사회에 나오면서 그 친구가 적응하는 데 어려움을 겪으면서 심리적 압박감이 심해 정신병을 앓게 되었고 결혼도 파국을 맞았지요. 이런 문제를 어떻게 해소할 수 있을지 고민이에요. 사회라는 강한 프레임에서 우리가 아무리 노력해도 바뀌지 않는 부분이 있잖아요. 예를 들어 〈태극기 휘날리며〉를 보면 이념의 대립으로 가족관계가 깨지기도 하고요. 매우 추상적인 문제이지만, 이에 대한 대표님의 생각이 궁금해요. 사회 시스템에 의해 낙오되는 사람을 구제할 방법에 대해서요.

동헌

친구 분의 사례로 들어가면, 사회적 관계에서는 고질적인 문제가 꼭 있어요. 그 문제가 심해지면 개인이 감당하기 어려운 결과에 부딪히죠. 이런 고질적인 문제의 근원에는 어릴 때 받은 상처와 무의식중에 감당하는 과도한 압박이 작용하는 경우가 있는 것 같아요. 문제의 정확한 원인을 찾아야 합니다. 일시적인 치료로는 재발할 수 있을 거예요. 그런데 원인을 못 찾는 경우도 많아요. 어디서, 무엇 때문에 시작된 건지 모르는 거죠. 그러니까 일단 그 무의식의 원인을 먼저 찾는 게 중요합니다. 그러고 나서 해결하는 방법은 용서밖에 없습니다. 어려운 일이지만 그래야만 상처가 나을 수 있으니까요. 사실 그런 사례가 낯설지 않은 게, 현대인은 모두 그런 아픔을 하나 이상씩 감내하고 살거든요. 정도의 차이는 있지만요. 그분도 내면의 고통과 상실감부터 해결해 가야 한다는 생각이 들어요.

사회 시스템 안의 부당한 관계 때문에 심한 고통을 겪는 분들이 우리 주변에 점점 많아지고 있죠. 직장에서 상사와의 관계에서 어려움도 그렇고요. 관계가 정의되는 순간 그 관계의 성격도 결정이 되죠. 제가 연사를 만날 때면 항상 먼저 말씀드립니다. "형이라고 불러도 돼요?" "누나라고 불러도 돼요?"라고요.

거절해도 상관없어요. 처음에는 비즈니스 관계이지만, 형이나 누나라고 하면 사적인 친분이 생깁니다. 그렇게 프레임을 깨는 거죠. 주도적으로 깨는 것 또한 훈련해야 할 사회적 능력의 일부입니다.

가장 어려운 관계일 수 있는 군대 선후임과 직장 선후배들 간에도 친하게 지내는 경우가 종종 있습니다. 물론 대부분 그렇게 잘 못하죠. 불편하고 어색하니까요. 하지만 자신이 다니는 회사의 대표와 친숙한 멘토로 지낸다면 일하는 마음가짐이 달라집니다. 한국 사회에서는 직급의 호칭과 권위에 대한 엄숙함으로 위계질서가 정해져 있어 어려운 영역이지만, 스스로 주도권을 갖고 노력한다면 좋은 결과를 얻을 수 있을 겁니다.

Q&A 3

거창하지 않지만 돈으로 환산할 수 없는 선물

청춘

인맥 관리는 가치의 주고받음이라고 하셨는데, 내가 줄 수 있는 가치가 없다고 느껴지면 자연스레 타인과의 관계를 피하게 되더라고요. 일례로 저는 몇 년 전에 키맨과 조력자라고 할 수 있는 인생의 멘토를 만났습니다. 그때 저는 꿈과 열정으로 똘똘 뭉쳐 있었는데, 이후 2, 3년 동안 실패와 좌절을 많이 겪었어요. 그분이 지금의 제 모습에 실망할 거라는 생각이 적잖이 부담되더라고요. 그래서 계속 연락을 피하게 되는 악순환이 계속되었어요. 어떻게 해소할 수 있을까요?

동헌

저도 십분 공감하는 질문입니다. 멘토를 만날 때는 자신이 뭔가 성장한 모습을 보여 줘야 할 것 같은 부담을 갖죠. 그런데 그건 욕심이에요. 정작 멘토는 그런 생각을 안 할 수도 있어요. 멘토는 멘티에게 성장이라는 대가를 기대하지 않아요. 멘티만 그런 생각을 합니다. 사실 고맙다는 말만으로도 충분하거든요. 감사의 말은 쉽게 할 수 있는 것임에도 멘티는 내가 변화된 엄청난 모습을 보여야 한다고 생각하죠.

인간에게는 젊음과 아름다움에 대한 갈망이 있습니다. 경험이 많은 멘토는 젊은 친구들을 만나서 그들의 이야기를 듣는 것 자체로 기쁨을 얻어요. 그 기쁨은 돈으로 얻을 수 없는 것이죠. 멘티가 멘토에게 줄 수 있는 보상이 그거예요. 생생한 젊음을 공유하는 것만으로도 기쁨과 감동이 있거든요.

제가 아는 멘티는 제게 유자차, 모과차 세트를 보냈다고 해요. 그런데 배송지를 잘못 기입해서 자신의 집으로 갔다가 다시 저한테 왔어요. 큰 감동을 느꼈습니다. 비싼 선물이 아니어도 감동은 충분히 전달되었죠. 값을 매길 수 없는 마음을 전하는 게 좋아요. 가격이 매겨져 있는 물건은 그 돈의 가치만큼 환산되죠. 그보다는 창의적인 것, 돈으로 가치를 정할 수 없는 것으로 마음을 전하는 데 감동이 있습니다.

멘토링하다가 연락이 끊기면, 키맨 입장에서는 서운하다는 생각이 들 수 있어요. 자신이 성장하지 못하고 있어도 계속 연락을 드리면서 노력하는 과정을 보이는 게 좋습니다.

Q&A 4
자연스럽게 다가서라

청춘

친해지고 싶은 사람을 만났을 때 대부분 '저 사람이 나한테 관심이 없으면 어떡하지? 부담스러워하면 어쩌지?' 하는 생각을 하게 되는데, 그런 부분은 어떻게 다루어야 할까요?

친해지고 싶은 건 연인 관계에서는 "나 너 좋아해"와 같은 표현이라고 생각해요. 친해지고 싶다는 노력으로 친해지는 게 아니더라고요. 저 사람은 스펙이 좋으니까, 잘생겼으니까 이런 식의 조건적인 호감은 좋은 관계로 발전하지 않죠. 인위적인 마음을 갖고도 친해지는 경우가 있기는 하지만 어차피 친해질 사람은 친해지게 되지요. 물론 '아웃 오브 안중'이었던 사람이 친해지고 싶다 고백하고 나서 좀 좋아진 경우도 있습니다.

그러니까 그냥 편히 다가가세요. 그냥 "친해지고 싶다, 공통점이 있을 것 같다"고 가볍게 말을 건네도 좋은 결과가 있을 거예요. 그렇게 해서 친해지지 않았다고 해도 실망하지 말고 편안한 관계로 계속 만날 수 있도록 마음을 열어 두는 게 좋겠습니다.

Q&A 5
관계에 문제가 생기면 그 순간 풀어라

저는 지금 감정을 풀어야 할 사람이 있어요. 대화로 풀고 싶은데 상대는 별로 내키지 않는 것 같아요. 사실 말을 안 하고 참으면 관계는 이어질 테지만 제가 말을 하면 깨질 수도 있고 좋아질 수도 있을 것 같아요. 상대는 원하지 않는 것 같을 땐 어떻게 해야 할까요?

동헌

저는 관계의 문제뿐만 아니라 모든 문제가 그렇다고 봐요. 문제는 씨앗이죠. 조직에서 발생한 문제거나 몸에 난 상처거나 관계의 문제거나 문제는 빨리 터트리는 게 좋아요. 서운함을 느끼는 순간 이야기하는 거예요. '얘가 이 얘기를 들으면 서운해 할 수 있겠구나' 하고 감지되더라도 그때 말문을 여세요. 나중에 이야기하면 회복의 타이밍을 놓칠 수 있습니다. 문제가 생겼을 때 감정을 개입시키지 말고 이성적으로 또박또박 전달하면 개선의 여지가 있습니다. 하지만 숨기고 이야기를 하지 않으면 본인만 힘들어져요. 결국 나중에 관계가 깨지는 경우도 생기죠.

Q&A 6
친구 관계를 오래 유지하는 방법

청춘

나이가 들면 들수록 친구들과 연락이 잘 안 되더라고요. 결혼을 한 경우에 특히 그래요. 예전에는 친했기 때문에 아쉬움도 많은데 사회생활하며 바쁘다 보니 소원해진 상태로 지내게 됩니다. 대표님은 사업을 하면서 그런 적이 없었나요?

동헌

네, 그런 생각 많이 하죠. 고등학교에서 대학에 진학하고, 대학에서 취업을 하면 새로운 친구를 사귀게 돼죠. 그리고 결혼한 여자 친구들은 관계가 완전히 끊기기도 하고요. 과거에 봉사 활동도 같이 하며 가족같이 지낸 친구들이 있었어요. 그들과 만나면 추억 까먹기만 계속해요. 관계가 발전하는 게 아니라 했던 이야기 또 하고 또 하고 그렇죠. 이 관계에 아쉬움도 있어요. 다시 뭔가를 하고 싶기도 하고요. 그런데 그건 욕심이더라고요.

제가 이런 관계를 유지하는 방법은 모임을 만드는 거예요. 그래서 1년에 딱 한 번 명절에 만나요. 그렇게만 만나도 관계가 잘 유지되거든요. 오랜 친구들은 그룹을 만들어 두는 게 좋아요. 그래서 매년 언제 만나자, 하는 약속을 정해서 일정 간격을 두고 만나 보세요. 옛날 친구들이 소중한 만큼 이런 의도적인 노력도 필요합니다.

Q&A 7
일단이 보이면 일장을 생각하라

청춘

사람이 살다 보면 싫어하는 사람이 생기잖아요. 저는 그런 감정을 숨기지 못해서 불편한 분위기를 만들 때가 있어요. 그런데 회사에서는 불편한 관계여도 내색하지 않는 게 필요하잖아요. 대표님의 노하우를 알고 싶어요.

저는 누가 싫으면 그 사람을 통해 나를 보려고 노력해요. 누군가의 단점이 눈에 띄면, 그 사람의 어떤 콤플렉스에서 왔을까 하고 생각해요. 그리고 모든 사람은 일장일단이 있으니까, 일단이 보이면 일장을 생각하죠. 그 장점을 계속 떠올리는 거예요.

계속 볼 사람들 간에는 아무리 가리려고 해도 서로의 단점이 노출되기 마련이에요. 아무리 웃어도 다 느껴지죠. 그 사람을 안 보거나 아니면 마음과 태도를 바꿀 필요가 있어요. 저는 필연적으로 마이크임팩트 멤버들을 사랑해야 하는 입장인데요. 사실 어려워요. 그럴 때 단점에는 연민의 감정으로 장점을 찾으려고 해요.

단, 서로의 핵심 가치가 안 맞으면 결국은 같이 가야 할지 말지를 결정해야 하죠.

Q&A 8
관계의 진전은 가치의 주고받음에서

친분이 깊어지면 더 친하게 지내고자 하는 욕심을 갖게 되는데요. 어떤 가치 안에서 함께 즐기고 싶고, 꼭 그 사람과 같이하고 싶은 욕심이 일어난다면 이를 자연스럽게 제어할 수 있는 기준이 있을까요?

동헌

사실 '이 사람과 같이 놀러가고 싶다, 무언가를 하고 싶다' 하는 욕구가 관계를 유지하는 근원이라고 생각해요. 그런데 관계의 정의가 가치의 주고받음이고 내가 무슨 가치를 줄까를 생각하는 것이라면, 그 가치를 고민해서 먼저 주기 시작하면서 관계를 발전시킬 수 있죠. 이는 건강한 욕심이라고 할 수 있어요.

친하지도 않은데 "같이 유럽 여행을 가자" 하면 부담스러워요. "우리 집에 놀러와." 이렇게 얘기하는 것도 부담스럽죠. 하지만 "내가 무언가 도와줄 수 있는 게 있을까?" 정도면 괜찮죠. 여행을 같이 떠나거나 내 집에 초대하는 건 그 결과에 따른 시간적 수순입니다. 어떤 가치를 주고받아서 관계가 돈독해지면 함께 시간을 보내는 게 자연스러워지죠.

행복,
행복은 어디에서 오나

◇◇◇◇◇◇◇◇

인생의 궁극적인 목적은 행복이라고 이야기합니다.
결국 자신의 삶에서 행복감을 많이 느낀 사람이
행복을 많이 누린 사람입니다.
이제부터 우리가 할 일은
행복의 강도를 높이는 게 아니라
행복의 빈도를 늘리는 것입니다.

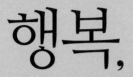

행복의 반대는 불행이 아닙니다.

사랑의 반대가 증오가 아니라 무관심인 것처럼,

행복의 반대는 불행이 아니라

행복하지 않은 상태입니다.

●●● 행복이란 무엇인가

인생에서 행복만큼 중요한 주제가 있을까요? 왜 행복이 가장 중요할까요? 인생에서 행복이 중요한 이유는 무엇일까요? 많은 이들에게 인생의 목적이 무엇인지 질문을 던지면 다들 행복해지는 것이라고 말합니다.

단 한 번뿐인 우리 인생이 행복해야 하는데, 그 행복의 정의를 물으면 쉽게 답을 하지 못합니다. 아이러니하게도 우리 삶의 목적이 행복이라고 하면서도 막상 행복이 무엇인지에 대해서는 막연해합니다. 추상적·관념적으로 생각하는 경향이 있어요. 그래서 실체 없는 허상을 쫓다가 인생을 낭비하고 후회하기도 합니다. 자신이 정의하는 행복이 없기 때문입니다. 삶의 목표인데도 정작 실체가 없으니 평생 목표라고 하면서도 좀비처럼 살 수 있습니다. 무서운 이야기입니다.

우리가 행복했던 순간이 언제인지 물어보면 어릴 때 이야기가 가장 많이 나옵니다. 어릴 때 먹고 싶은 아이스크림을 손에 쥐면 행복하죠.

간절히 원한 장난감을 받으면 세상을 다 가진 것처럼 행복하고요. 그건 누구나 떠올릴 수 있는 행복이에요. 그런데 지금 아이스크림과 장난감을 받으면 그때만큼 행복할까요? 여기서 핵심은 아이스크림을 조건으로 행복을 가질 수는 없다는 거예요. 아이스크림은 행복한 느낌을 주는 것이지 행복을 주는 게 아닙니다. 우리가 몹시 추울 때 따뜻한 코코아 마시면서 "아, 행복하다"는 탄성이 가슴 깊은 데서 올라오잖아요. 행복하다는 느낌 말이에요. 즉, 행복이 아니라 행복감이라는 거죠.

인생의 궁극적인 목적은 행복이라고 이야기합니다. 결국 자신의 삶에서 행복감을 많이 느낀 사람이 행복을 누린 사람입니다. 행복은 맨 마지막에 주어지는 결과나 조건이 아닙니다. 현재 살아가는 일상에서 행복감을 많이 느끼는 사람이 행복한 사람이기에 돈이 많아도 행복하지 않을 수 있습니다. 어릴 때는 만 원만 손에 있어도 아주 행복합니다. 이 말은 곧 내가 지금 생각하고 있는 조건이 채워져도 행복을 얻지 못할 수도 있다는 뜻입니다.

●● 언제 행복한가

행복을 느낀 순간을 명확하게 알아야 합니다. 그래야 나만의 행복에 대한 정의를 내릴 수 있습니다. 자신에게 행복한 느낌이 찾아온 기억은 누구에게나 있습니다. 어떤 사람은 혼자 있는 게 행복하고 어떤 사람은 친구들과 있는 게 행복하고, 어떤 사람은 낮에 행복하고 어떤 사람은 밤에 행복합니다. 이렇게 저마다 다른 행복한 순간이 있습니다. 내가 미치도록 행복한 순간이 언제인지 잘 감지해야 나만의 행복한 순간을 정의하고 누릴 수 있습니다.

그래서 나이가 들수록 행복하다고 말하는 사람은, 자신이 행복한 순간을 잘 알고 있는 사람입니다. 살아가면서 나 자신에 대해 깊이 성찰하고 자아를 분별하고 이해하여 자신이 기뻐하는 순간을 자주 포착하는 것이 행복의 비결입니다. 우리가 해야 할 일은 행복감을 느끼는 순간을 돌아보는 거예요. 거기에 답이 있습니다. 흔히 미래를 생각하면서 이러이러하면 행복할 것이다, 했어요. 온갖 고통을 견디고 분투해서 성취했는데 행복하지 않으면 허무할 수밖에 없습니다. 그러니 지금부터 과거를 돌아보면서 행복했던 순간을 떠올려 보세요. 내가 언제 행복했는지, 내 일상에서 행복감에 불이 딱 들어오는 순간, 전신이 막 짜릿짜릿한 순간을 기억해 보세요. 행복한 사람은 자신이 언제 어디서 무엇을 어떻게 할 때 행복한지를 아주 잘 아는 사람입니다. 돈이 많거나 명예가 높다고 행복한 게 아닙니다.

행복의 답은 나 자신에게 있습니다. 결과적으로 행복에는 정답이 없고, 사람마다 각기 다른 행복이 존재합니다. 그래서 그 누구도 타인의 행복에 대해 옳은 행복이다, 그른 행복이다 이야기할 수 없습니다.

●● 행복해지려면 어떻게 살아야 하나

행복감은 지속되지 않는다는 것이 중요한 포인트입니다. 우리가 몹시 추울 때 코코아 한 잔을 마시면 행복감을 느끼지만, 그 행복이 지속되지는 않습니다. 간절히 원하던 드림카를 소유해도 그 기쁨은 길어야 한 달입니다. 인생에서 가장 행복하다는 신혼의 행복도 1년 정도만 지속된다고 합니다. 결국 우리는 무언가를 얻어도 원상태로 돌아옵니다. 로또 1등에 당첨되어도 시간이 흐르면 원상태로 돌아온다고 합니다. 인간의 본성이라 어쩔 수 없습니다. 우리 각자가 과거에 행복했던 순간, 환희에 찼던 순간을 떠올려 보면 지금은 원상태로 돌아와 있다는 것을 알 수 있습니다. 그래서 지속성이 없는 행복을 얻으려고 전력투구하다가 허무주의에 빠질 위험이 있습니다. 행복하려고 온갖 애를 쓰고 노력했지만 결국 원상태로 돌아오니까요.

행복해지기 위해 어떻게 살아야 할까요? 우리는 지속성이 없는 행복에 실망할 게 아니라 받아들여야 합니다. 이제부터 우리가 할 일은 행복의 강도를 높이는 게 아니라 행복의 빈도를 늘리는 것입니다. 행복한 순간을 자주 만들어야 합니다. 3년을 버텨서 이전에 없던 행복을 극대화하겠다고 할 것이 아니라 현재 행복의 순간을 자주 만드는 것이 행복한 삶입니다. 그럼으로써 우리 삶에 행복이 차지하는 비중이 커지고 실제로 행복한 마음이 충만해질 수 있습니다.

행복의 반대는 불행이 아닙니다. 사랑의 반대가 증오가 아니라 무관심인 것처럼, 행복의 반대는 불행이 아니라 행복하지 않은 상태입니다. 우리는 행복하기 위해 태어났습니다. 그런데 삶 속에서 행복하지 않으면 행복의 반대편에 놓여 있는 것입니다. 그래서 큰 행복보다 일상의 사소한 행복의 순간을 많이 만들면서 행복한 사람이 되고자 하는 전환이 필요합니다.

내가 일상에서 느끼는 소중한 행복의 순간들을 많이 만드세요. 커피 마시는 걸 좋아한다면 커피를 자주 마시고, 친구와 수다 떠는 걸 좋아한다면 친구를 자주 만나서 수다를 떨고요. 뮤지컬 감상으로 행복해진다면 돈을 아끼지 말고 자주 관람하세요. 그렇게 좋아하는 일을 하는 순간을 많이 만드세요. 행복한 삶에 들어가 있는 자신을 발견하게 될 것입니다.

●● 우리는 왜 행복하지 않나
– 성취가 아닌 관계의 누림에서

왜 우리가 행복하지 않을까, 자주 생각합니다. 특히나 한국 사람은 왜 행복하지 않을까, 생각해요. 단순히 한 사람 한 사람의 문제는 아니라는 생각이 듭니다. 왜 우리 시대의 행복은 안개 속에 있는 것처럼 흐릿하고 막막할까요?

무언가를 개선하기 위해서는 대안을 제시하는 것도 중요하지만, 안 되는 이유를 아는 것이 우선입니다. 한국 사람들이 행복하지 못한 것은 그만한 이유들이 있기 때문이란 생각이 듭니다. 뉴스 통계에도 나오듯이 한국 사람은 전반적으로 행복도가 굉장히 낮습니다. 세계 무역 대국에 들어선 경제 선진국이면 국민이 행복해야 마땅한데, 우리나라의 행복지수 순위는 OECD 34개국 중에 33위_{2014년 2월 발표}입니다. 최하위권이지요. 국가적인 문제 아닌가요? 우리는 행복해질 수 없는 민족인가 싶은 생각마저 듭니다.

아동의 '삶의 만족도'는 꼴찌입니다. 한국은 유니세프의 어린이·청소년 행복지수에서 수년째 OECD 최하위를 기록하고 있습니다. 우리는 아동기, 청소년기를 불행하게 보내는 나라에 살고 있다는 의미입니다. 이렇듯 한국 사회의 가장 큰 난제는 교육 문제입니다.

우리가 행복할 수 없는 가장 큰 이유는 조건의 성취를 강조하기 때문입니다. 경쟁에 목숨을 겁니다. 몇 개 안 되는 자리를 얻으려고 엄청난 수의 사람들이 달라붙어 극심한 경쟁을 합니다. 청소년기에는 입시, 그다음에는 취업, 결혼, 내 집 마련, 출산과 자녀 교육 등 이런 조건들을 만족시켜야 행복할 거라 생각합니다. 이 조건들을 충족시켜야 행복해질 테니 지금은 참고 견디고 이 시간을 통과해야 한다는 생각뿐이에요. 이 전제 안에 있으니까 조건을 갖추려는 엄청난 경쟁에 매몰돼 있습니다. 성장기부터 레드오션에서 발버둥 치며 삽니다.

초·중·고 학생에게 행복을 위해 가장 필요한 것이 무엇이냐고 물어보면 의외의 답변이 돌아옵니다. 초등학생의 43퍼센트가 꼽은 압도적 1위의 행복 조건은 '화목한 가정'입니다. 그다음 순위에 '성적 향상'이 4퍼센트, '돈'이 5퍼센트예요. 그런데 고등학생이 되면서 1위가 돈, 2위가 성적 향상이 됩니다. 상급학교에서 가치 체계가 바뀌는 이유는 교육의 초점이 잘못되었기 때문입니다. 공교육에서 사회적 조건을 얻도록 강조하니까 학생들의 행복의 기준에서 돈과 성적이 중요해집니다.

이런 구조에서는 행복하기가 힘듭니다. 경쟁에서의 승리를 행복으로 강조할 때 극소수의 성취자 외에는 상대적 박탈감으로 불행해집니다. 소수의 사람만 성공해서 행복을 누리고, 나머지는 불행의 나락에

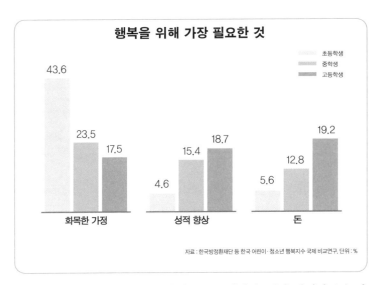

행복을 위해 가장 필요한 것

초등학생
중학생
고등학생

43.6
23.5
17.5
화목한 가정

4.6
15.4
18.7
성적 향상

5.6
12.8
19.2
돈

자료 : 한국방정환재단 등 한국 어린이·청소년 행복지수 국제 비교연구, 단위 : %

떨어지면 결국 대부분이 불행해지는 구조입니다. 내가 경쟁자들을 밟고 올라가기 위해 수단과 방법을 가리지 않고 이기는 것을 배우는 청소년기라면 전인 교육, 성품 교육, 행복 교육 등은 자리할 수 없습니다. 명문 대학 진학을 위해 교육 컨설팅까지 받는 이 현실은 선진국의 교육 시스템과 큰 격차를 이루고 있습니다. 수능 패스를 위해 경쟁하는 친구를 질투하고, 미워하고, 진정한 인간관계를 맺기 어려운 교실은 그 자체로 불행한 공간입니다. 다른 행복을 용인하지 않는 구조, 좁은 관문을 패스하기 위해 엄청난 경쟁을 감수하는 삶의 현장에서는 타인을 존중하기보다 자기중심의 이기적 문화가 팽배합니다. 사회 공동체에 더불어 사는 의식, 약자를 존중하며 함께 가려는 마음, 공평과 정의가 깨진다면 구성원 모두가 불행할 수밖에 없습니다.

행복의 가장 큰 조건은 인간관계입니다. 관계의 가치가 무너져 내린 사회에서 행복의 실마리는 풀리지 않습니다. 문제는 여기서 끝나지 않습니다. 이 경쟁에서 승리한 1퍼센트도 행복하지 않다는 것입니다. 행복할 거라고 생각하고 정상에 오른 1퍼센트가 이렇게 말합니다. "아, 이건 내가 원한 게 아닌데." 대학도 그렇고, 취업도 그렇습니다. 열심히 해서 승진하고 성공하더라도 행복하지 않습니다. 성공한 1퍼센트마저 불행하다는 고백과 함께 사회의 모든 구성원이 불행하다고 말하는 나라가 되고 있습니다.

사회 지도층이나 유명인사의 자살이 많아지고 있습니다. 사회 정상에 오른 사람들, 돈과 명예를 가진 유명인임에도 생명을 포기합니다. 경쟁해서 꼭대기의 자리까지 오른다 해도 행복을 느끼지 못할 수 있다는 사실을 유념해야 합니다. 우리는 행복을 조건의 성취가 아닌, 관계의 누림에서 찾아야 합니다.

●● 우리는 왜 행복하지 않나
– 다양성을 존중하지 않는 집단주의 문화

우리가 행복할 수 없는 두 번째 이유는 다양성을 존중하지 않는 집단주의 문화 때문입니다. 우리 사회는 한 가지 조건을 행복의 대전제이자 동의어로 보고 좇는데, 이 자체가 다양성을 인정하지 않는 것입니다. 하나의 답을 강요하는 문화에서 개인과 집단의 의견이 충돌하면 어느 편을 들어야 할까요?

서구 사회에는 개인의 뜻대로 선택하고 표현하는 데 자유를 주고 이를 중요한 가치로 여깁니다. "나는 이게 행복해. 남들이 인정해 주지 않으면 어때!" 하죠. 내가 즐겁고 남에게 피해를 주는 게 아니면 서로 인정해 줍니다. 그런데 우리는 학교에서 소풍갔을 때 인솔 교사에게 꼭 듣는 말이 있습니다. "마음대로 놀아. 단 개인행동하지 말고!" 왜 개인행동은 금물이란 말을 할까요? 왜 사람들의 시선에서 자신의 가치를 찾아야 할까요? 스포트라이트가 없어도 자신이 즐거우면 안 되는 건가요? 한국은 이렇게 집단주의 문화, 남을 신경 쓰는 문화가 팽배하기에 행복지수는 늘 낮은 점수에 머물러 있습니다.

국가별 개인지수와 행복감의 상관관계를 나타낸 도표를 보면, 국가별 개인지수가 낮을수록 행복감이 낮고 반대로 덴마크, 미국, 호주, 핀란드처럼 개인지수가 높을수록 행복감이 높아진다고 합니다. 이 상관관계로 보면, 행복해지기 위해서는 개인 취향에 집중할 필요가 있다는 것을 알 수 있습니다. 자신의 욕구에 충실하고 때로는 이기적일 필요도 있습니다.

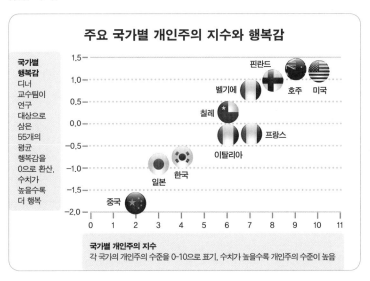

주요 국가별 개인주의 지수와 행복감

국가별 행복감
디너 교수팀이 연구 대상으로 삼은 55개의 평균 행복감을 0으로 환산, 수치가 높을수록 더 행복

국가별 개인주의 지수
각 국가의 개인주의 수준을 0-10으로 표기, 수치가 높을수록 개인주의 수준이 높음

제가 마이크임팩트를 시작할 때 주변에서 걱정을 많이 했습니다. 부모님은 많이 염려하시다가, 어느 순간부터 제가 행복해 보이니까 안심하셨습니다. 우리는 다른 사람, 내 주변 사람들한테 폐를 끼칠까 봐 자신의 취향을 가둬 두는 경향이 있습니다. 주변 사람의 행복을 저해할까 봐 걱정하는 거죠. 그런데 내 행복감이 올라가면 주변 사람들의 행복지수까지 올라간다는 사실을 유념해야 합니다.

결국 개인적 행복감을 높이는 것이 집단의 행복을 위하는 좋은 방법입니다. 과거보다 지금 세대는 상대적으로 가족 부양의 책임이 덜하기 때문에 더 그렇게 살 수 있습니다. 우리 아버지 세대만 해도 가족의 생계를 책임지기 위해 싫은 일도 참아야 했고, 적성에 맞지 않아도 돈이 되는 공부를 억지로 하면서 살았습니다. 그래서 60대가 됐을 때 '내가 원한 건 이게 아니었어. 난 참 힘들게 살았어' 하는 독백을 하시죠. 물론 지금도 집안을 부양하는 청춘 가장들이 있지만, 예전에 비해 모질고 힘든 일을 해야 하는 청춘이 그렇게 많지는 않습니다. 어찌 보면 자유로울 수 있는 환경인데 자꾸 부모님 때문에, 집안 때문에, 내 자존심 때문에 스스로 족쇄를 달고 핑계 대는 부분은 없는지 생각해 봐야 합니다.

우리가 행복하지 않은 건 우리 탓만은 아닙니다. 사회 시스템과 문화의 영향이 큽니다. 그럼에도 우리가 행복하지 않은 이유를 분명하게 인지하고 어떻게 하면 행복해질 수 있을지 고민하고 변화해야 합니다. 다행인 건 우리 사회의 개인주의 지수가 높아지면서 행복할 확률도 높아지고 있다는 사실입니다. 개인의 기쁨을 향유하는 사람들이 더 잘 살고 행복하게 사는 사례가 늘어나고 있습니다. 우리 각자가 한국 사회에서 행복할 수 있는 길에 들어서도록 방법을 찾아야 합니다.

●● 얼마나 성공하면 행복해지나

수입이 얼마쯤 되어야 우리가 행복할까요? 사람들은 돈이 많으면 행복할 거라고 생각합니다. 이 질문도 행복의 정의에 대한 질문과 같습니다. 10억보다 100억이 좋고, 100억보다 1,000억이 있으면 좋겠지요. 그런데 얼마를 벌어야 행복할지에 대한 기준은 모호합니다. 그래서 돈에 대해 명확하게 정리할 필요가 있습니다. 왜냐하면 그 돈을 쌓아 놓는다고 행복한 게 아니니까요. 내가 얻고 싶은 것을 위해 얼마를 벌어야겠다는 목표가 있어야 합니다. 중요한 부분입니다. 돈이 있어야 행복할까요? 물론 돈의 위력은 무시할 수 없습니다.

그런데 저는 개인적으로 돈이 있으면 행복한 게 아니라 돈이 없으면 불편한 거라고 생각합니다. 돈이 필요한 이유는 내가 하고 싶은 걸 하기 위해서입니다. 여행, 사업 등에 말이죠. 돈이 없으면 내가 하고 싶은 것을 할 수 있는 자유가 없어지죠. 만약 공부하고 싶은데 돈이 없어서 못 한다면? 불행하다고 느끼겠죠. 결혼해서 집을 구하는 데 돈이 없어서 살 집이 없다면 불행하겠죠. 그리고 더 좋지 않은 건 상대적인 박탈감이나 열등감을 느낄 수 있다는 겁니다. 주변에서 연봉 5,000만 원을 받는데 자신은 비슷한 강도로 일하면서 3,000만 원을 받는다면 불행감, 자괴감, 박탈감이 찾아옵니다.

그래서 저는 돈이 인생에 필수비타민이라고 생각합니다. 없으면 문제가 생기지만 과다 복용해도 문제가 생깁니다. 사실 돈과 행복이 어느 정도 비례하긴 합니다. 100만 원 벌 때보다 200만 원 벌 때 행복할 것입니다. 우리가 버는 수입과 행복에는 상관지수가 있습니다. 이것을 그래프로 나타낸 것이 소득별 행복지수입니다.

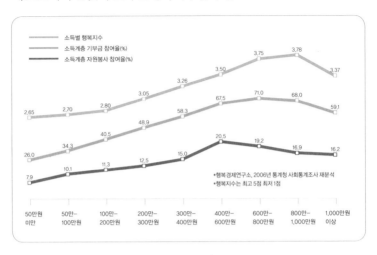

소득별 행복지수를 보면 600만 원에서 800만 원, 800만 원에서 1,000만 원 벌 때 정점을 찍고, 그 이상의 수입에서는 내려갑니다. 처음 입사했을 때의 행복보다도 떨어진다고 합니다. 왜 상위 소득자의 행복 지수가 떨어질까요? 우리 상상과 달리 연봉 1억 원 선에서 행복의 정점 이 찍히는 것을 알 수 있습니다.

●● 돈을 많이 벌어도 왜 행복하지 않나

좀 허무하지 않나요? 사실 행복해지려고 돈을 버는데, 벌어야 하는 액 수의 정점이 연봉 1억 원이라는 것입니다. 그러니까 연간 1억 원 이상 의 소득에서는 기대한 행복이 줄어든다는 겁니다. 연봉 1억 원 받는 것이 쉽지는 않지만, 월 소득 800만 원 정도를 30대 후반, 40대 초반에 올리는 이들이 있습니다. 우리에게도 가능성이 열려 있습니다. 청춘들에게는 아주 큰 돈이지만, 불가능하지는 않습니다.

그런데 이만큼의 돈을 버는 것이 삶의 목표라고 하면 허무하지 않나요? 사실은 그다음이 문제입니다. 소득에 비례해서 행복지수가 증가하지 않고, 이 정도 돈을 버는 3, 40대가 되면 문제가 발생합니다. 더 행복해지지 않기 때문입니다. 돈을 벌기 위해 분투했는데 그다지 행복하지 않습니다. 돈을 향해 달려온 인생을 되돌릴 수도 없습니다.

그러면 이제 인생의 새로운 목표는 어디에 두어야 할까요? 어느 정도 이상의 돈을 버는 데에도 행복하지 않은 이유는 무엇일까요?

'소득 계층 자원봉사 참여율' 그래프를 보면, 400만 원 이상의 소득에서 정점을 찍고 점점 내려와요. 자원봉사 참여율을 쉽게 말하면 관계들이 점점 줄어든다는 의미입니다. 사람과의 관계가 단절되고, 자유가 없어집니다. 많은 소유를 얻으면서 그만큼 큰 부담을 지거나, 너무 많은 일의 책임감을 떠안고 살기 때문입니다. 결국 돈과 자유를 맞바꾼 것이지요. 돈보다 중요한 '자유'와 '관계'는 행복의 절대 조건이란 것을 알 수 있습니다.

그리고 과도한 돈이 생기면 그 돈을 지키기 위한 스트레스 또한 커집니다. 한 달 벌어서 한 달 쓰면 돈에 대한 스트레스가 상대적으로 적습니다. 그런데 일정 규모 이상의 소유가 생기고 그것을 지키려고 전전긍긍하면 불행감이 덮쳐 옵니다. 그런 스트레스를 받으면서 동시에 더 큰 욕망도 자리 잡기 시작합니다. 결정적으로 점점 돈에 의지하는 삶을 살게 됩니다. 미숙하고 권력이 없으면 주변 사람의 도움도 얻고 조언도 많이 듣는데, 돈이 많아지면 점점 주변 사람의 말을 듣지 않고 관계를 정리합니다. 관계가 행복의 필수조건인데도 말입니다. 돈과 권력, 명예가 생기면서 점점 외로워지는 이들이 많습니다. 점차 진심 어린 관계를 나눌 사람이 사라지고 돈을 보고 다가오는 사람이 늘어나기 때문입니다.

돈을 많이 벌면서 행복할 수 있는 방법은 돈 보기를 돌같이 하는 것, 즉 돈을 숫자로만 여기는 겁니다. 돈을 의지하거나 우상화하지 않도록 경계해야 합니다. 돈은 있으면 좋고, 없으면 불편한 도구일 뿐입니다. 돈을 돈인 채로 버려두는 인식이 필요합니다. 돈에 대한 그런 가치관이 생길 때 물질의 노예가 되지 않고 다스리는 주인으로 살 수 있습니다. 자본주의 사회를 사는 우리에게 돈을 다스린다는 것은 정말 어려운 숙제입니다. 그래서 중요합니다. 돈이 내 삶의 주인으로 행세하지 않도록, 우리가 돈의 노예가 되지 않는 인식을 갖도록 공부하고 실천해야 합니다.

●●● 행복은 어디에서 오나

행복한 순간은 언제인가요?

– 맛있는 거 먹을 때

– 게임에서 이겼을 때

– 남자 친구가 예쁘다고 할 때

– 인정받았을 때

– 하고 싶은 것 할 때

– 〈무한도전〉 볼 때

– 좋은 사람들 만나 대화하면서 공감하고 만족감을 느낄 때

– 가까운 사람이랑 여행 갈 때

이 질문에 골똘히 생각하지 않고 바로 대답할 수 있는 사람이 상대적으로 행복한 사람들입니다. 그럼 내가 왜 이 순간에 행복감을 느끼는지 생각해 보아야 합니다. 어떤 순간에 행복하다면 내가 왜 그때 행복감을 느끼는지 알아야 하니까요.

트위터에서 행복한 순간의 사진 콘테스트를 한 적 있습니다. 어떤 사진들이 올라왔냐면 결혼식 모습, 전쟁에 나갔던 아들이 돌아와서 포옹하는 순간, 생명 탄생의 순간, 아픈 아내에게 키스하고 돌봐 줄 때의 모습 등입니다. 그러한 순간에 큰 행복감을 느낀다고 합니다. 이 사진들의 공통점은 누군가와 함께 있다는 것입니다. 즉 우리는 사랑하는 사람과 함께일 때 가장 큰 행복감을 느낍니다.

사람들이 어디서 행복을 느끼는지 SNS상에서 95만 건을 분석했다고 해요. 행복이란 단어가 들어간 게시물을 분석한 것이지요. 대인 관계가 55퍼센트로 압도적인 1위였습니다. 그다음으로 건강이 21퍼센트, 일상생활의 여러 순간에서 느끼는 행복이 14퍼센트, 돈이 6.7퍼센트로 나왔습니다.

우리는 행복에 대해 명확하게 말할 수 있습니다. 좋은 사람과의 다정한 관계에서 행복을 느낍니다. 그래서 외향성이 강한 사람들, 사람 사

귀는 걸 좋아하는 사람들이 행복할 가능성이 높다고 말할 수 있습니다. 우리가 행복해지기 위해서는 좋은 친구, 진정한 친구를 많이 사귀어야 합니다.

●● 과정의 행복을 누리는가

얼마 전 히말라야의 안나푸르나에 다녀왔습니다. 사람들이 히말라야에서 가장 좋았던 순간과 가장 힘들었던 순간을 물어보더군요. 가장 힘든 순간은 안나푸르나 베이스캠프까지 한 시간이 남았다는 것을 알려주는 돌 앞에 섰을 때였습니다. 매일 8시간씩 12일간 걸었습니다. 한 걸음 한 걸음 힘들게 총 100킬로미터를 걸었더라고요. 죽을 것 같은 고통을 참아야 했습니다. 그런데 안나푸르나 베이스캠프까지 한 시간 남았다고 하니 갑자기 슬퍼졌습니다. 한 시간이면 이 여정이 다 끝난다고 생각하니까 가슴이 무너지는 것 같았습니다.

돌아보면 정상에 올라가 멋진 풍경을 봤을 때도 좋았지만, 헤드랜턴 쓰고 위험한 데를 같이 걷고, 고산병 걸려서 헉헉대면서 동료들과 걸었던 기억이 최고였습니다. 같이 갔던 의사 분이 다리 근육이 풀려서 자신의 다리에 주사를 놓기도 했어요. 그 모습이 너무나 웃기고 재밌었습니다. 정상에 올랐을 때 엄청난 자연 풍광을 보는 것보다 동행한 사람들과 함께 고통을 참고 견딘 과정이 훨씬 좋았습니다.

그때 깨달았습니다. 꿈을 달성했을 때보다 꿈을 이루는 과정에서의 행복이 훨씬 크다는 것을 말입니다. 극심한 고통을 참고 걸어가는 과정

중에는 잘 모릅니다. 고통 중에는 행복으로 인식할 여유가 없지만, 지나고 보면 아주 행복한 순간이거든요. 꿈을 향해 나아가는 어렵고 힘든 순간에 서 있다면 훗날 지금을 행복했던 기억으로 떠올리게 될 거라는 인식이 필요합니다.

저도 창업하고 나서 말로 다 표현 못할 힘든 순간이 많았습니다. 그때 이런 생각을 했어요. 오히려 나중에 엄청난 성공을 이루면 그때가 더 걱정이라고. 지금 이 순간이 가장 즐겁고 신나고 좋은 거라고요. 비록 지금은 어렵고 힘들고 고통스럽더라도 말이지요.

물론 여기에는 대전제가 필요합니다. 꿈이 있다는 것입니다. 그 꿈을 향해 나아가고 있기 때문에 힘들고 어려워도 행복할 수 있습니다. 반대로 꿈이 없으면 꿈을 향해 나아갈 수도 없고, 행복할 수도 없겠지요. 치열하게 꿈을 향해 나아갈 때 그 과정 중에 느끼는 행복은 어마어마합니다. 그래서 꿈을 꾸는 이유는 행복해지기 위해서라고 생각합니다. 달성했을 때가 아니라 나아가는 과정 중의 행복에 의미를 둘 필요가 있습니다. 그 꿈을 이루지 못해도 상관없습니다. 인생 목표가 성공이 아니라 행복이라면 말입니다! 그럼 꿈을 향해 나아가는 과정에서 행복하면 그것이 전부가 됩니다. 성공과 실패는 단지 결과일 뿐입니다. 우리 인생의 목표가 행복이고 행복해지기 위해서 태어난 거라면, 꿈을 향한 과정에서 얻는 행복으로 충분하다는 믿음을 가질 수 있습니다. 그런 믿음이면 성공도 따라옵니다.

저는 미래의 행복을 위해 현재의 행복을 희생한다는 말은 잘못됐다고 생각합니다. 오히려 미래의 행복을 위해 현재도 행복하다는 고백이 맞지 않을까요? 현재 행복하려고 노력하고 바로 지금 행복감을 얻으려

할수록 미래에 행복할 가능성이 훨씬 높아집니다. 그래서 미래의 행복을 위해서 현재도 행복하다는 말이 가능하지요. 현재 고통스러워야 미래에 행복할 수 있다는 말이 잘못된 행복관을 심어 놓았습니다. 우리는 내가 고통스럽지 않으면 성공할 수 없을 것 같은 의식을 주입받아 왔습니다. 직원들이 죽을힘을 다해 일해야만 회사가 성공한다는 개념으로 경영하는 사장 또한 많습니다.

선진국의 학교와 직장은 우리와 다릅니다. 현재 학생들과 직원들이 재미있고 즐겁고 행복해야 학교와 직장의 미래가 행복해진다는 문화가 자리하고 있습니다. 지금 행복해야 미래에도 행복하고 성공할 수 있습니다.

●●● 행복한 관계를 많이 누리는가

행복은 얻는 것이 아니라 느끼는 것이라고 했습니다. 어떻게 하면 행복을 느낄 수 있을까요?

어찌 보면 인생의 진리는 참 간단합니다. 우리는 이미 다 알고 있습니다. 그런데 알고 있는 것과 마음으로 느끼는 것, 행동으로 옮기는 것은 다릅니다. 이미 알고 있는 진리에 대해, 왜 그런지 반복해서 물어야합니다. 그래서 머리로 알고 있는 것이 가슴으로 내려올 때에만 진리는 진리가 될 수 있고 행복해질 수 있습니다.

부모님은 자녀가 수능을 볼 때 잘되라고 열심히 기원합니다. 평소에 기도를 잘 안하던 분들도 간절히 기도합니다. 합격하면 부모님들이 무척 기뻐하시죠. 진짜 행복해하세요. 그런데 부모님이 기뻐하시는 이유가 뭘까요? 오랜 기간 외국에서 지낸 친구가 그러더라고요. 자기 시험 합격으로 부모님이 너무나 좋아하시니까 '내가 붙었는데 왜 엄마가 좋아할까?' 이해가 안 간다고요. 왜 그럴까요?

부모님 기준에서 자녀의 행복이 자신의 행복이어서 그렇습니다. 바로 여기에 행복의 총량을 늘릴 수 있는 첫 번째 팁이 있습니다. 너의 행복이 나의 행복처럼 느껴지는 것을 많이 만드는 것입니다.

친한 룸메이트가 결혼할 때 제가 사회를 봤습니다. 몇 번이나 울컥했습니다. 그 친구를 무척이나 사랑했기 때문에 내가 결혼하는 것처럼 느껴졌어요. 그렇게 주변에 내 행복처럼 느껴지는 사람이 많으면 내 인생이 행복해질 수 있습니다. 어쩌면 개인의 행복이 아니라 집단의 행복, 그룹의 행복을 좇는 것이 고차원의 행복을 얻을 수 있다는 생각이 듭니다.

마이크임팩트를 하면서 달라진 게 있습니다. 저는 본래 내가 어떻게 하면 행복해질까를 생각하는 사람이었거든요. 그런데 마이크임팩트를 하면서 같이 일하는 멤버들이 행복하면 제가 행복해지더라고요. 이렇게 주변에 내가 더불어 행복해지는 관계가 많아지면 행복의 총량이 기하급수적으로 늘어날 수 있습니다. 사촌이 땅을 사면 배가 아프다는 심리에서는 절대로 행복할 수 없습니다. 내가 더불어 행복해지는 진정한 친구, 진정한 후배들을 많이 만들면 만들수록 더 행복해질 수 있습니다.

행복을 누리는 두 번째 팁입니다. 히말라야에 오르면서 대장님께 언제 행복했는지 물었더니 암벽등반을 할 때라고 했습니다. 의외의 대답이었어요. 어떻게 암벽등반이 행복할 수 있지? 그렇게 스릴 있나? 오르는 성취감 때문인가? 그게 아니라 완전히 현재에 몰입할 수 있기 때문이라고 해요. 암벽등반을 할 때는 아무 생각도 안 난다는 거예요. 현재 자신이 뻗는 손과 발에만 신경을 쓰면서 완전한 현재를 사는 순간이라는 거죠. 과거의 트라우마에서 벗어나고 미래의 불안에서도 벗어난다고 합니다.

온전히 지금의 공기를 느끼고 지금의 감정을 느끼는 방식으로 현재를 살 때 행복해질 수 있다는 것을 깨달았어요. 이 현재를 사는 것이 바로 몰입의 순간입니다. 무엇인가에 몰입하고 있을 때를 돌아보세요. 무아지경의 상태에 이르고 완전한 행복을 느낀 적이 있을 거예요. 이 말은 행복하려면 자신이 무엇에 몰입하는지 알아야 한다는 뜻입니다.

저는 강의하는 순간이 좋습니다. 강의하는 순간에는 내일 할 일이 많더라도 걱정하지 않고 온전히 지금 할 말만 생각하거든요. 몰입하는 시간을 많이 가진 사람이 행복한 사람이에요. 강연도 좋고, 피아노도 좋고, 스포츠도 좋습니다. 자신이 몰입할 수 있는 것을 만드세요. 그러면 현재를 살게 되고 행복감이 따를 것입니다.

● ● 자신만의 행복을 좇는가

행복을 누리는 세 번째 팁입니다. 자신만의 행복을 좇을 수 있어야 합니다. 그런데 기본적인 삶의 품위를 유지할 정도의 수입은 있어야 합니다. 열등감과 박탈감을 느끼지 않을 정도, 일상을 유지하는 데 어려움이 없을 정도는 벌어야 합니다. 나만의 행복을 좇는 데 필요한 돈을 못 벌고 주변에서 무시하면 불행하거든요.

네 번째 팁입니다. 스마트폰을 멀리 하고 자신만의 취향을 가져야 합니다. 저는 미래에는 지금보다 불행한 세상이 올 거라고 생각합니다. 주 원인은 스마트폰 때문입니다. 우리가 행복한 순간들은 친구들과 밥을 먹을 때, 대화할 때거든요.

저는 히말라야에서 좋았던 것 중 스마트폰에서의 자유를 꼽지 않을 수 없습니다. 외국에 나갈 때마다 항상 무제한 로밍을 하는데 히말라야는 데이터 연결이 안 됐어요. 전화는 되겠지 했는데 전화도 안 되더라고요. 그래서 어머니가 전화 연락 안 된다고 몹시 걱정하셨지요. 회사에서도 전화가 안 되니까 의아해했습니다. 그런데 저는 그 완전히 끊어진 상태에서 행복감을 느꼈습니다. 좋은 사람과 음식 앞에서 스마트폰 들고 다른 걸 하는 사람은 온전히 행복감을 느끼지 못하는 거예요. 이 말은 현재를 온전히 살지 못한다는 의미와 같습니다. 스마트폰을 의도적으로 멀리할 필요가 있습니다. 스마트폰과 행복은 분명한 상관관계가 있습니다. 현대인의 필수품이 된 스마트폰 때문에 미래의 삶이 불행해질 수 있다고 생각합니다. 그래서 스마트폰과 일정 거리를 둘 것을 강조하고 싶습니다.

자신만의 행복을 정의하는 것은 쉽지 않습니다. 나만의 행복을 알려면 어떻게 해야 할까요? 저는 취향이 있어야 한다고 생각합니다. 사람들은 베스트셀러에 관심을 가지면서도 자신만의 서재 목록을 구성하는 데에는 관심을 두지 않습니다. 다수의 의견을 따라가는 데 익숙합니다. 이게 대중문화입니다만 저는 독특한 음식, 영화, 소설, 음악의 취향을 정하다 보면 자신이 언제 행복한지 자연스럽게 알게 된다고 생각합니다. 나 자신의 취향과 욕망에 대해 더 명확하게 알아야 합니다. 그것에 솔직해질 때만이 행복에 가까워질 수 있습니다.

또한 한국 사회가 행복하지 않은 이유는 비교 성향이 강하기 때문입니다. 소득 수준이 높은데도 비교 의식 때문에 행복도가 낮습니다. 비교가 한국 사회를 상대적 박탈감의 불행으로 몰아넣습니다. 비교하지 마세요. 비교의 고리를 완전히 끊어 버리세요. 비교하지 않는 순간, 자신만의 행복이 찾아옵니다. 나보다 행복해 보이는 사람, 나보다 명예가 있는 사람, 나보다 잘나가고 돈이 많은 사람을 보는 순간 비참해지는 마음을 버려야 합니다. 자신보다 못한 사람을 보고 안심하고 행복해하는 것 또한 건강하지 않습니다. 그러다가 자기보다 잘난 사람을 보면 마음이 지옥이 되거든요. 나보다 잘나가는 사람을 보면 '아, 잘나가는구나, 저런 사람도 있구나, 난 행복해'라고 할 수 있어야 하고, 나보다 어려운 사람을 봐도 '아, 내가 가진 행복을 나눠 줄 수 없을까'라고 생각할 수 있어야 합니다.

●● 공유하는 행복이 있는가

행복을 누리는 마지막 팁입니다. 성감대라는 말 아실 겁니다. 저는 성적 욕구를 충족시키는 성감대처럼 행복을 충족시키는 행복감대라는 것이 있다고 생각합니다.

행복을 느끼는 역치가 굉장히 낮은 사람이 있습니다. 조그만 자극에도 굉장히 행복해하는 사람입니다. 남자 친구 허리를 감고 자전거를 탈 때 행복한 사람이 있어요. 그런 사람들이 행복의 역치가 낮고 행복감대가 예민한 사람들입니다. 행복을 누리기 위해 기대치를 낮추고 욕심을 줄이라고 한 것처럼, 작은 자극에도 행복한 사람은 무얼 해도 행복하지요. 길거리 포장마차에서 떡볶이를 먹어도 행복하고, 비싼 레스토랑에서 좋은 음식을 먹어도 행복해요. 자전거를 타도 행복하고, 비싼 외제차를 타도 행복하지요. 살아가는 일상이 행복한 사람이고, 어떤 상황에서든지 만족할 줄 아는 사람이에요. 그런데 이 행복감대는 유전적·환경적 요인이 크다고 합니다. 가정에서 부모가 행복감을 잘 느끼는 것을 보며 자란 자녀는 그렇게 닮아 있는 경우가 많습니다.

그러나 깨어진 가정에서 자랐다고 해도 노력을 통해 행복감대를 예민하게 만들 수 있습니다. 어떻게 그럴 수 있을까요?

첫째, 감탄하는 연습을 하는 거예요. 아주 사소한 것에도 감탄해 보십시오. 남자들이 특히 그러한데, 대단한 걸 봐도 별로 감흥이 없거든요. 그래야 멋지다고 여기는 거죠. 여자들은 상대적으로 감탄을 잘합니다. 산에 올라 전경을 보면서, 맑은 하늘을 보면서, 음식을 먹으면서 지나칠 만큼 크게 감탄하는 연습을 해 보세요. 감탄의 빈도수가 많아지면서 '아, 행복하구나'라고 느낄 수 있습니다.

둘째, 감사하는 습관을 들이는 거예요. 내가 고마움을 표현하는 건 좋다는 의미이기 때문에 뇌가 행복하다고 느끼게 됩니다. 저도 습관화하기 위해 "감사합니다"라는 말을 자주해요. 카톡을 할 때도 감사한 것을 찾아서 표현하려고 애씁니다. 잠자기 전에도 내가 생각하는 감사한 일을 다섯 가지 정도 간단하게 적어 놓고 잠들지요. 그럼 점점 행복해지더라고요. 뇌가 감사한 감정의 말과 행동에 지배되어서 작은 것에도 아주 행복하고 감사하게 됩니다. 그래서 감사하는 습관이 행복감을 얻는 데 요긴합니다.

지금 행복하면 나중에는 불행할 거라는 개미와 배짱이 우화의 전제를 깨야 합니다. 지금 행복해야 나중에도 행복할 수 있다고 확신할 수 있어야 합니다. 그러니 일상에서 긍정적인 정서를 채워 넣고, 행복이 추상적인 개념이나 관념적인 것이 아니라 구체적인 일상의 체험이라는 점을 인지해야 합니다.

지금 이 순간 내가 행복해지려면 무엇을 해야 할까요? 사람들이 가장 큰 행복감을 느끼는 두 가지 순간을 참고하세요. 맛있는 거 먹을 때와 자신이 좋아하는 사람과 있을 때! 지금 당장 실천할 일은 좋아하는 사람과 맛있는 음식을 즐기는 거예요. 우리는 지금 행복해야 하니까요.

Q&A 1
열등감을 느끼지 않을 만큼은 성공해야 한다

청춘

불행감을 이기는 방법을 알고 싶은데요. 저는 예술 분야의 직업을 가지고 있습니다. 아무래도 소득이 남들보다 많지 않지만, 저 자신은 만족하며 살고 있어요. 그런데 우리나라 사람들은 다른 사람한테 관심이 너무 많잖아요. 엄마가 동창회에 다녀오시거나 명절에 친척들이 모이면 저는 아무렇지 않은데 지적하는 말씀을 제가 막을 수도 없고, 전 행복한데 자꾸 뭐라고 하시면 어쩔 수 없이 기분이 가라앉아요. 어떻게 극복할 수 있을까요?

동헌

어려운 문제입니다. 제가 창업할 때 다들 힘들 거라고 이야기했죠. 지금도 어려움은 계속되고 있고요. 그런데 어느 순간부터 새롭게 인정한 것이 있어요. 어떤 상황에서도 나에 대해 이야기하는 사람은 항상 존재하고, 그런 이야기들은 내 의도와 상관없이 다른 의미로 존재한다는 것을요. 그런데 그 사람들의 말이 딱 멈출 때가 있습니다. 마이크임팩트가 잘되는 모습이 드러날 때입니다. "저거 어려울 거야, 안 될 거야, 쟤 돈 못 벌 거야" 하는 말들이 쏙 들어갑니다. 사람들이 생각하는 성공의 기준에서 일부분을 만족시키니 말이 달라지더군요. 저는 대중의 우매한 부분이 있다는 것을 발견했습니다. 그것을 역으로 이용할 수 있겠죠. 이 사람들이 만족할 만한 부분을 내가 가져다주면 나를 심난하게 하는 말들이 쏙 들어갑니다.
사람들이 예상하는 것과 다른 결과가 나오면 반전이 되고 더 이상
은 가볍게 비판하지 못합니다. 그래서 너무 큰 스트레스 받지 말고,
열등감을 느끼지 않을 만큼 성공해야 할 필요가 있습니다. 그 분야
에서 어느 정도 인정받을 만한 것을 목표로 경주하는 것이죠. 그 목
표를 이루고 나면 평가가 반전될 거예요.

Q&A 2
모든 것을 말할 필요는 없다

어른들의 기준은 결혼과 돈이잖아요. 저는 그렇게 생각하지 않거든요.
과에서 수석으로 졸업했고 경쟁률이 높은 직장에도 들어갔지만, 어른들
의 기준을 저는 조금도 충족시켜 드리지 못해서 고민이에요.

어른들이 "너, 돈 얼마 버니?" 하고 꼬치꼬치 물으시면 상징적인 지
표로 답할 필요가 있어요. 예를 들어 한 번 강연을 해서 300만 원
을 받는다고 하면 "쟤, 돈 잘 버는구나" 하겠죠. 내가 만든 공예품을
100만 원에 팔았다고 하면 돈 잘 번다고 생각하실 겁니다. 월 소득
을 공개할 필요가 없습니다. 그래서 함축적으로 이야기하면 되지
요. 돈을 버는 능력이 있구나, 하는 느낌을 드리는 거죠. 예술가시니

까 강연을 하거나 작품을 팔아서 수익을 얻는 게 가능하지 않을까 생각합니다. 멋지십니다.

Q&A 3
문명의 이기의 노예가 되지 말라

청춘

행복을 누리기 위해 스마트폰을 멀리하는 게 좋다고 하셨는데, 저는 좀 반대거든요. 저는 스마트폰을 부정적으로 판단해야 할지 의문이에요. 좋은 면들도 많고 오히려 행복을 위해 도움이 되기도 하잖아요?

동헌

스마트폰 사용으로 우리 생활이 엄청나게 편리해졌죠. 잘 쓰면 유용합니다만 스마트폰의 노예가 되는 경우에 대해 생각해 보자는 의미입니다. 스마트폰 중독으로 은연중에 행복을 상실하는 사람도 많으니까요. 스마트폰이 우리의 행복을 가리고, 시간을 많이 빼앗기 때문입니다.

전 중학교 때 게임에 빠져 있었어요. 게임에 몰두하고 있으면 행복하고 재미있고 좋았는데, 절제하지 않고 계속하니까 친구가 점점 줄고 집에 있는 시간이 길어졌어요. 어느 순간 게임의 즐거움이 허상이란 생각이 들었어요. 문명의 이기가 주는 편리함에 지나친 자극이 동반되면서 건강한 즐거움은 상쇄되는 경향이 있습니다. 그래서 친구와 깊은 우정을 쌓거나 여자 친구의 손을 잡거나 자연을 보며 얻는 감동을 잃어버리게 만들고 행복에서 멀어지게 하는 장치가 될 수 있죠. 지금 당장의 자극적인 행복을 추구하느라 진짜 행복을 잃는 건 아닌가 생각해 봐야 합니다. 스마트폰이 그 가짜 행복을 제공할 가능성이 굉장히 높다는 데 유념할 필요가 있어요.

한편으로는 우리 의지의 문제가 아닌 사회적 문제라는 생각이 들어요. 청소년들은 교실 친구들과 단체 카톡을 해야 소속감을 가진다는 이유로 무조건 부모님께 고가의 스마트폰을 사달라고 합니다. 없으면 불편함을 넘어 고립되는 문제를 사회적으로 풀 수 있어야 합니다. 물론 올바르게 잘 사용하면 좋지요. 그런데 여러분이 SNS와 카톡을 할 때만큼 손 편지를 쓸 때의 행복감도 누렸으면 좋겠습니다. 예기치 못한 기쁨을 발견할 수 있을 거예요.

가슴을 뛰게 한 모험,
세상을 바꾼다는 것!

세상을 바꾼다는 것은 무엇일까요? 세상을 바꾸는 사람은 누구일까요? 하루가 다르게 변화하는 엄청난 기술과 혁신일까요? 스티브 잡스와 같은 위대한 기업가들일까요? 기술과 기업가가 세상을 바꾼 것은 맞지만 '나'라는 세상을 바꾸었는지에 대해서는 의문이 듭니다. 나, 한동헌이라는 세상, 나의 세계관과 자아상을 형성시켜 준 것은 할아버지의 "넌 무엇이든 할 수 있다, 훌륭한 사람이 될 거야"라는 자존감을 높여 준 한마디, 인생 선배들의 빛나는 삶의 지혜가 담긴 따뜻한 한마디 한마디였습니다.

저는 세상을 바꾸고 싶습니다. 엄청난 기술이나 혁신이 아니라 지혜와 감동이 담긴 이야기로 세상을 바꾸고 싶습니다. 마음이 담긴 이야기를 통해 한 사람의 가치관, 세계관, 그리고 꿈을 형성하는 데 도움이 되어 세상을 바꾸고 싶습니다. 한 사람에 집중하여 그 한 사람 한 사람의 세상이 바뀌면, 우리의 세상은 나아지리라 확신합니다. 그 믿음과 철학으로 마이크임팩트를 통해 '세상을 바꾸는 이야기'를 발굴하고 만들고 전파하는 역할을 하고 있습니다.

여기에 있는 질문과 답도 그런 마음에서 시작했습니다. 작은 마음과 지혜이지만 누군가에게 도움이 되고 세상이 조금이나마 바뀌는 데 기여할 수 있다면 가치 있고 의미 있는 일이라고 생각합니다. 청춘의 시기에

치열한 고민들을 다시 꺼내 놓고 나의 이야기, 우리의 이야기, 세상의 이야기를 마음껏 펼쳐내어 자신만의 길을 내는 데 도움이 되기를 소망합니다. 누구에게나 맞는 옳은 답은 없지만 옳은 질문은 있기에, 이 옳은 질문을 함께 고민하는 과정을 통해 더 나은 세상이 만들어지길 꿈꿉니다.

놀라운 것은 답을 하는 과정에서 제가 답을 찾았다는 점입니다. 후배들이 답을 찾는 것을 도와주다 보니 제 답이 자연스럽게 발견되었습니다. "주니까 받는다" "가르치니 배운다"라는 진리를 발견한 것입니다. 이 책을 읽는 분들도 이 진리를 발견할 수 있기를 소망합니다. 자신만의 질문과 답, 경험과 지혜, 영감과 깨달음을 주위 사람들과 함께 나누어 보세요. 부족하다고 생각될지라도 용기를 내어 내가 사랑하는 친구와 후배들에게 자신만의 답을 전해 주세요. 내게 필요한 뚜렷하고 빛나는 답을 찾는 것은 물론, 세상의 답도 찾을 수 있으리라 믿습니다. 이것이 진정 세상을 바꾸는 방법이라고 생각합니다.

"나의 가슴을 뛰게 한 건
황금을 찾는 모험이었지,
황금이 아니었어."
_《원피스》루피